Karl Baumann · Die Prußen

Meiner lieben Frau,
Gefährtin eines langen und reichen Lebens

Karl Baumann

Die Prußen

Ein sympathisches Volk zwischen
Weichsel und Memel

Verlag Gerhard Rautenberg · Leer

Die Deutsche Bibliothek – CIP-Einheitsaufnahme
Baumann, Karl:
Die Prußen. Ein sympathisches Volk zwischen Weichsel und Memel / Karl Baumann. – Leer: Rautenberg, 1991
(Ostpreußisches Mosaik; Bd. 17)
ISBN 3-7921-0480-6
NE: GT

© 1991 by Verlag Gerhard Rautenberg, Leer
Gesamtherstellung:
Druckerei Gerhard Rautenberg, 2950 Leer
Alle Rechte vorbehalten
Printed in Germany
ISBN 3-7921-0480-6

INHALTSVERZEICHNIS

1. Einleitung 7
2. Von den Preußen zu den Prußen 10
3. Erste Spuren und Zeitzeugen 14
4. Zum Namen und zur Sprache des Volkes 24
5. Leben in Familie und Stammesgemeinschaft 31
6. Die prußischen Gaue und Landschaften 48
7. Von Göttern, guten und bösen Geistern 57
8. Bewaffnung der Prußen und ihr Verhalten im Krieg 70
9. Eines Volkes Gang durch die Geschichte 74
   - 9. 1. Von der Vorzeit bis zum Auftauchen der Weißmäntel 74
   - 9. 2. Der Kampf um die Freiheit 105
10. Nachbetrachtungen 166
11. Verzeichnis prußischer Familien- und Personennamen 176

Anmerkungen 183
Literaturverzeichnis 186
Register der Personennamen 188

Einleitung

Die Geschichtsbücher an deutschen Schulen berichten seit über sechzig Jahren, einen Zeitraum, den der Verfasser überschauen kann, meist nur in einem Satz, mehr oder weniger ausgeschmückt, über Konrad von Masowien und die Prußen. In der Regel liest sich das so: „Konrad von Masowien ersuchte den deutschen Ritterorden um Hilfe gegen die fortdauernden Angriffe der wilden noch heidnischen Prußen." Dieser Satz kann so nicht stehen bleiben, weil seine Aussage die Wahrheit auf den Kopf stellt und ein Volk in seinem Ansehen geschädigt wird.

Konrad von Masowien erscheint hier als ein bedauernswerter polnischer Fürst, der unter der Angriffslust eines angeblich „wilden" Volkes zu leiden hat. Dabei hatte er selber mehrere Versuche unternommen die Prußen zu unterwerfen und sie sich botmäßig zu machen. Er hatte keinen Erfolg. Die hier summarisch „die Prußen" genannten, deren Eroberungsdrang er angeblich nicht mehr ertragen konnte, waren in Wirklichkeit nur zwei Teilstämme dieses Volkes, dem viele Zeitzeugen der Vor- und Frühgeschichte ausdrücklich Friedensliebe als besonderes Merkmal bezeugen. Die Prußen insgesamt waren ein bäuerliches Volk, nicht weniger gesittet und nicht wilder als andere europäische Völker. Über Konrad von Masowien wird im weiteren Verlauf noch ausführlich berichtet, so daß sich ein eindeutiges Bild ergibt. Wahr ist, daß die Prußen um die Wende vom 12. zum 13. Jahrhundert von mehreren Kreuzzügen heimgesucht wurden, deren hauptsächliche Veranlasser und Teilnehmer Masowier waren, die jedoch ohne nachhaltige Wirkung blieben. Konrad von Masowien setzte in seinen Überlegungen auf die Formel: Glaubensgehorsam gleich Fürstengehorsam. Außerdem glaubte er, für seine kostspielige Hofhaltung aus den für die damalige Zeit wohlhabenden Prußen mehr herausholen zu können als von seinen, von ihm selber, infolge seiner maßlosen Lebensweise und durch Anzettlung von Angriffskriegen ausgeplünderten, masowischen Untertanen. Die Prußen hingegen reagierten verständlicher Weise erbittert, und nach 1217 entluden sie ihren Grimm in mehreren Abwehrversuchen, die sie auch auf masowisches Gebiet brachten. An diesen Vergeltungszügen waren auch nur wenige Teilstämme des prußischen Volks beteiligt.

Doch wer sind diese Prußen, die bis dahin still und friedlich in dem Lande zwischen der unteren Weichsel und der Memel gewohnt haben? Es gibt keinen Chronisten, der bis zu diesem Zeitpunkt jemals von Eroberungskriegen dieses Volkes berichtet hätte. Ihr Schicksal, aber auch ihre Art zu leben verdienen festgehalten zu werden. Das gilt ebenso für den beinahe fünfzigjährigen Freiheitskampf gegen den deutschen Ritterorden, in dem sie letztlich unterlagen. Doch dann geschah etwas Merkwürdiges: Die Sieger nahmen den Namen der Besiegten an. Einen anderen, neuen Namen nimmt man in der Regel nur an, wenn man sich persönlich mit ihm identifizieren kann. Die Rheinländer und Schwaben, die Westfalen und Niedersachsen, die Brandenburger und Niederländer, die mit dem deutschen Ritteroden in das Land der Prußen kamen, wurden zu Preußen, vermischten sich mit ihnen, und deren Nachkommen leben seit Jahrhunderten unter uns. Ein solcher Vorgang sucht seinesgleichen in der Geschichte! Daß dies so geschah, ehrt die Prußen auf besondere Weise. Ihre Haltung während des Freiheitskampfes und ihre Tapferkeit machten tiefen Eindruck; ihr Name, ihr Wesen, ihre Geisteshaltung sind auch heute noch prägend.

Dabei hatte sich schon zweihundert Jahre zuvor, ehe der deutsche Ritterorden und Konrad von Masowien die weltgeschichtliche Bühne betraten, ähnliches ereignet, wenn auch in kleinerem Ausmaße. Dänen und Wikinger vergaßen, nachdem sie einige Zeit unter und mit den Prußen des Samlandes gelebt hatten, ihre Heimfahrt und wurden selber zu Prußen. Es muß so etwas wie ein eigenartiger Zauber, etwas Unergründliches und doch Anziehendes, noch unsere Gegenwart Prägendes von diesem Volke ausgegangen sein. Das festzuhalten und verständlich zu machen soll die Aufgabe dieses Buches sein.

Von den Preußen zu den Prußen

Preußen - Das ist ein Wort und ein Begriff, der je nach persönlichem Standpunkt vielfältig im guten wie im abträglichen Sinne besetzt ist. Das ist zunächst einmal der Name eines Staates, der am 25.2.1947 durch ein Gesetz des Alliierten Kontrollrates in Deutschland aufgelöst wurde, jener Institution, die nach dem Zusammenbruch des Hitler-Reiches in Deutschland das Sagen hatte. In Nr. 14 des Amtsblattes des Alliierten Kontrollrates in Deutschland steht in der Präambel des Gesetzes: „Der Staat Preußen, der seit jeher Träger des Militarismus und der Reaktion gewesen ist, hat in Wirklichkeit zu bestehen aufgehört," und im Artikel 1 des Gesetzes heißt es: „Der Staat Preußen, seine Zentralregierung und alle nachgeordneten Behörden werden hiermit aufgelöst."

Es zeugt nicht gerade von einem objektiven Geschichtsbild der Verfasser dieser vorstehenden Sätze; denn im internationalen Vergleich nehmen die Preußen im Führen von Kriegen einen ehrenvollen hinteren Rang nach Briten, Franzosen und anderen Europäern ein. Der Historiker Golo Mann nannte diese Aktion des Alliierten Kontrollrates „einen Fußtritt, den siegreiche Esel einem toten Löwen gaben."

Mancher mag sich auch des angeblichen Ausrufes des englischen Generals und Heerführers Wellington erinnern, als dieser bei Waterloo durch Napoleon Bonaparte in arge Bedrängnis gebracht wurde: „Ich wollte, es wäre Nacht oder die Preußen kämen!" Wellington meinte mit den Preußen die Rheinländer, Westfalen, Brandenburger und West- und Ostpreußen im Heer des Königs von Preußen. Preußen war ein Staat in Deutschland, der als solcher nur knapp zweieinhalb

Jahrhunderte bestanden hat. Preußen war auch zu Wellingtons Zeiten ein Begriff hinter dem Inhalte wie: Tüchtigkeit, Verläßlichkeit, Gerechtigkeit, Tapferkeit, Toleranz, Sparsamkeit, Pflichtbewußtsein und Geradlinigkeit standen. Jede dieser Tugenden für sich genommen ist eine löbliche Eigenschaft; aber sie mit persönlicher Hingabe zu erfüllen, gar unter Hintanstellung persönlichen Vorteils, das ist „preußisch". Der Monokel tragende preußische Offizier, der seine Befehle und Auskünfte nur in kläffender Sprechweise gab, war lediglich ein Zerrbild in Witzblättern und hatte mit Preußentum überhaupt nichts zu tun. Mit Preußen meinte man aber auch seit dem ausgehenden Mittelalter das Land zwischen der unteren Weichsel und der Memel, das Land südlich der beiden Haffs bis weit jenseits der Masurischen Seen und Wälder. Dieses Land erhielt seinen Namen von dem Volk, das es schon seit urgeschichtlicher Zeit bewohnte, den Altpreußen oder Prußen oder, wie sie sich schon seit dem frühen Mittelalter selber nannten: den „Prußai".

Weil man von den Prußen sagte, daß sie nicht schreiben und lesen konnten, war man lange Zeit auf Aussagen und Berichte angewiesen, die andere über sie hinterlassen haben. Vor allem slawische Geschichtsschreiber, zumeist geistlichen Standes, der erste Preußenbischof Christian sowie der nicht besonders gebildete Ordenschronist Peter von Dusburg, der seine Chronik dem Hochmeister Werner von Orseln 1326 übergab, machten diese Aussage. Der Übersetzer Peter von Dusburgs, Nikolaus von Jeroschin, milderte die häufig krassen Verlautbarungen Dusburgs dadurch, daß er seine Übersetzung in Versform brachte. Sie alle haben diese Aussage gemacht, die mit Recht bezweifelt werden muß. Über ein Jahrtausend hinweg wird von ihnen ein Bild gezeichnet, das freundliche und liebenswerte Züge hat. Manches von ihren Sitten und Anschauungen mag uns heute verwundern und befremdlich erscheinen. Doch man muß sie und ihre Lebensart aus ihrer Zeit und aus ihrer volklichen Entwicklung heraus zu verstehen suchen. Die Prußen waren Heiden und in einer für sie passenden Naturreligion geistig beheimatet, daraus eine charakterliche Abqualifizierung abzuleiten, wie es geschehen ist, wäre genau so verfehlt, als wenn man den Christen insgesamt eine Lebensführung in Gottergebenheit und gemäß dem apostolischen Glaubensbekenntnis zusprechen wollte.

Im Verlauf der militärischen, kolonisatorischen und kulturellen Auseinandersetzung mit dem Deutschen Ritterorden und unter seiner Herrschaft verloren die Prußen allmählich ihre volkliche Identität und verschmolzen mit den aus verschiedenen deutschen Landschaften gekommenen Siedlern. Etwa zweihundert Jahre später kamen masowische Auswanderer und litauische Zuwanderer hinzu. Bei den letzteren ist es wahrscheinlich, daß es sich um die Nachkommen der einstmals vor den Ordensheeren flüchtigen Sudauer, Nadrauer und Schalauer gehandelt hat.

Der durch Verschmelzung entstandene Stamm der Neu-Preußen hat seit dem Beginn der industriellen Revolution, etwa 1840, Söhne und Töchter, über drei Millionen sollen es gewesen sein, an die Industrielandschaften vor allem im Westen Deutschlands abgegeben und mit der gewaltsamen Vertreibung der Ostpreußen aus ihrer angestammten Heimat Preußen nach dem Ende des 2. Weltkrieges wurden noch einmal prußische Nachkommen, etwa 2 1/2 Millionen Menschen, in alle westdeutschen Landschaften geleitet. Unabsehbar ist die Zahl prußischer und prußisch abgeleiteter Familien- und Personennamen in Deutschland. Aus der Vielzahl sollen hier nur einmal stellvertretend folgende prußischen Familiennamen, die sich in einer westdeutschen Kleinstadt finden, aufgelistet werden.

Alsut, Baasner, Brune, Busse, Claus, Dargel, Gland, Jelitto, Jenke, Kasutt (auch mit C), Linke, Mantot, Minke, Milde, Nickel, Petrasch, Stange, Stork, Sapke, Sude, Tide, Wilke[1]. Auf den letzten Seiten dieses Buches sind noch einmal gut 500 prußische Familiennamen oder Namen, die auf prußischen Ursprung zurückgehen in einem Verzeichnis zusammengefaßt. Die Prußen, ihre Söhne und Töchter sind seit Jahrhunderten Teil unseres, des deutschen Volkes, sie leben mit uns, und prußische Geschichte ist auch Teil der deutschen Geschichte, sie ist farben- und facettenreich und die geschichtlichen Vorgänge verlaufen oft überraschend in ihrem Ausgang.

Genau so bunt ist die Gesellschaft derer, die uns über die Prußen berichtet: Männer der Antike, fromme Fürstenkanzler, Priester des deutschen Ritterordens, ein hausierender Mönch, polnische Kirchenmänner und Schreiber, gelehrte Professoren, und ein Schriftsteller, Heinrich Gerlach, der mit Stolz von sich selber sagt: „Ich bin ein Pruße, sie sind mein Volk!"

Erste Spuren und Zeitzeugen

Die Prußen waren zum größeren Teil des Schreibens und Lesens nicht kundig, so behauptet Peter von Dusburg, der Chronist des Deutschen Ritterordens ebens wie Christian, der bei den Prußen missionierende Bischof. Aber war das bei der Masse der Bevölkerung des damaligen deutschen Reiches oder bei der Bevölkerung irgendeines anderen Staates in Europa anders? Selbst die Ritter des Mittelalters beherrschten die Kulturtechniken Schreiben und Lesen nur zum kleineren Teil; die weitaus größere Anzahl der Ritter konnte weder lesen noch schreiben, oder hatte diese Fertigkeiten nach holperigem Erlernen nicht mehr angewendet. Es ist nicht von der Hand zu weisen, daß Handschriften, die über Kultur und das religiöse Leben der Prußen hätten Auskunft geben können, von den daran interessierten Stellen des Ritterordens systematisch vernichtet worden sind. Aus diesem Grunde sind wir auf Aussagen und Berichte angewiesen, die andere über die Prußen hinterlassen haben.

Die Reihe der Zeugen beginnt mit Pytheas, einem römischen Kaufmann und Geographen, der um 300 vor Chr. von Massilia aus, dem heutigen Marseille, eine Reise ins Nordland unternimmt. Er kommt bei dieser Reise nur bis Jütland und erfährt dort von einem Volk, das östlich der Weichsel an der Ostsee wohnen soll, dessen Namen er mit „Ostiaer" angibt. Interessanterweise weiß er außerdem zu berichten, daß diese Leute zur Herstellung ihrer Festgetränke Honig verwenden. Nach Pytheas ist es dann der römische Konsul Publius Cornelius Tacitus, der um das Jahr 100 nach Chr. in seiner Germania, von den „Aestii" berichtet, obwohl er selber sie nie besucht hat; aber er hat im großen und ganzen glaubwürdige Nachrichten von

Kaufleuten, die der Bernsteinhandel an die Küsten des Frischen Haffs und des Samlandes trieb und von Offizieren der römischen Grenztruppen. Doch hören wir, was Tacitus von den Aestiern zu vermelden weiß: „An der Ostküste bespült das suebische Meer, also nun die Stämme der Aestier, die in Sitte und äußerer Erscheinung den Sueben gleichen, deren Sprache jedoch der britannischen näher steht. Sie verehren die Göttermutter. Als Glaubenssymbol tragen sie Nachbildungen von Ebern; dies Zeichen macht den Verehrer der Göttin gegen Waffen und als Schutz gegen alles inmitten von Feinden gefeit. Selten verwenden sie Eisenwaffen, häufiger schon Knüppel; Getreide und andere Feldfrüchte bauen sie mit größerer Ausdauer an, als es der üblichen Trägheit der Germanen entspricht. Aber auch das Meer durchsuchen sie, und sie sind die einzigen von allen Germanen, die den Bernstein, den sie selbst „glesum" nennen, im Umkreis seichter Stellen und am Strande selbst sammeln. Woraus er besteht, oder wie er entsteht, das haben sie, wie das bei Barbaren nicht anders zu erwarten ist, weder zu wissen verlangt noch in Erfahrung gebracht; ja er lag sogar lange Zeit zwischen dem sonstigen Auswurf des Meeres, bis ihm unser Schmuckbedürfnis seine Bedeutung verlieh. Daß es sich jedoch um das Harz von Bäumen handelt, sieht man leicht, weil sehr oft mancherlei auf der Erde kriechende und selbst umherfliegende kleine Tiere durch die Bernsteinmasse hindurch schimmern; sie verfingen sich im Harz und sind nun, nachdem es sich zu festem Stoff verhärtete, darin eingeschlossen. Prüft man den Bernstein auf seine Zusammensetzung und bringt ihn mit der Flamme in Berührung, dann brennt er wie Kienspan und entwickelt eine qualmende und stark duftende Flamme. Sie selbst verwenden ihn überhaupt nicht, roh wird er aufgelesen, unverarbeitet in den Handel gebracht, und staunend nehmen sie den Kaufpreis entgegen." [2)]

Die Überheblichkeit, mit der der kenntnisreiche Römer spricht, sei ihm verziehen, aber die Aestii zu den Germanen zählen zu wollen ist schlicht falsch. Ihr Aussehen, ihr blondes Haar, blaue Augen und Hellhäutigkeit mögen ihn wohl zu dem Trugschluß verleitet haben. Wir wissen, daß sie ein westbaltisches Volk gewesen sind, den Litauern und Letten verwandt. Daß sie keine Kenntnis über die Entstehung des Bernsteins gehabt hätten, ist dem Römer nicht abzunehmen. Sicher werden die Aestii die vom Sande glatt geschliffenen Stücke gefunden und meist für sich behalten haben, zumal wenn diese Insekten- oder Blüteneinschlüsse aufwiesen und dadurch zu den seltereren und interessanteren Stücken gehörten. Sicher wird es unter ihnen, wie bei allen Völkern, handwerklich geschickte Leute gegeben haben, die die von der Natur geschaffenen schöneren Stücke noch einmal besonders bearbeitet und zu Schmuck verarbeitetet haben. Auch daß Bernstein brennbar war, werden sie gewußt haben; denn wenn man Jahrhunderte lang mit einer Materie Umgang hat, weiß man fast alles über sie.

Der römische Geograph Ptolemäus weiß etwa um 170-180 nach Chr. in seiner Erdbeschreibung die Wohngebiete der Aestii ziemlich genau anzugeben und nennt außerdem die Namen von zweien ihrer Stämme: der Galinder und der Sudauer.

Einige Jahrhunderte hindurch hatten die Aestii mit den Goten als Nachbarn friedlich in den Landstrichen der unteren Weichsel gewohnt. Als diese nach 250 nach Chr. gen Süden aufbrachen, blieben die Aesti in ihren Stammlanden. Die Goten zogen unter ihrem König Ermanerich an die untere Donau und waren hier die Grenzwächter des schon morschen römischen Reiches. Den Zusammenbruch des Römerreiches konnten sie zwar nicht aufhalten, aber unter ihren Königen Odoaker und schließlich Theoderich beerbten sie die Römer.

Des weiteren berichten Cassiodor und Einhard, der Geschichtsschreiber Karls d. Gr., über die Aestier. Schon wesentlich mehr weiß der Wikinger Wulfstan über sie zu vermelden, der wahrscheinlich im Auftrage seines Königs Alfred d. Gr. um 880 von Haithabu (Haddeby-Schleswig) aus eine Expedition zu den Aestiern im Samland und zu den Pomesaniern nach Truso unternahm. Truso war der Haupthandelsplatz der Aestier und lag damals etwas südöstlich von der Stelle, an der die spätere Stadt Elbing entstand. Von hier aus begannen prußische Schiffe ihre Handelsfahrten nach Birka, dem schwedischen Ostseehafen. Über Wulfstans Bericht später mehr.

Besonders zu erwähnen ist noch Helmold von Bosau, Priester und Pfarrherr in Bosau am Plöner See, ein Zeitgenosse Barbarossas und Heinrichs des Löwen. Helmold verwendet als einer der ersten in seiner Slawenchronik durchgehend den Volksnamen „Prußen" für das Volk zwischen Weichsel und Memel. Von ihm sei die nachfolgende Aussage über die Wesensart des prußischen Volkes zitiert: „Die Prußen haben noch nicht des Glaubens Licht erblickt. Es sind Leute von vielen natürlichen Gaben, sehr menschenfreundlich gegen Notleidende (humanissimi erga necessitatem patientes). Schiffbrüchigen und von Seeräubern Bedrohten fahren sie sogar entgegen und helfen ihnen. Gold und Silber gilt ihnen sehr gering, doch im Überfluß haben sie Felle, deren Duft in unsere Welt das tödliche Gift des Hochmutes gebracht hat..... Von dem Fleisch ihrer Zugtiere ernähren sie sich, deren Milch und Blut sie auch trinken, so daß sie davon berauscht werden sollen. Sie sind blauäugig, rotgesichtig und langhaarig. Übrigens wollen sie, in ihren Sümpfen unangreifbar, keinen Herren bei sich dulden. Von ihnen wird in Wahrheit noch bis auf den heutigen Tag den Unsern, mit denen sie doch sonst alles teilen, der Zutritt zu den Hainen und Quellen verwehrt, weil diese, wie sie meinen, durch den Besuch der Christen unrein würden." [3]

Danach erfahren wir durch den Ordenschronisten Peter von Dusburg 1326 und seinen Übersetzer Nikolaus von Jeroschin, der sich selber „des Ordens Kaplan" nennt, 1331-1335, mehr über die Prußen. Während Peter von Dusburg, von dem wir noch ausführlich hören werden, die Prußen nur durch die gefärbte Brille des Ordens sieht und dabei auch vor Geschichtsverdrehungen und -verfälschungen, auf die wir noch zurückkommen, nicht zurückschreckt, hört sich die Darstellung des Jeroschin in Versform schon wesentlich milder an. Auch polnische Schreiber haben über die Prußen geschrieben, so Jaroslaw. ein Domherr in Ploczk in Masowien, ferner Vinzenz Kadlubek, Bischof zu Krakau und Johann Dlugocz, auch Longinus genannt, Domherr zu Krakau und Wislica. Charakteristisch für sie ist eine oft ungenaue und verfälschende Darstellung der geschichtlichen Tatsachen, besonders dann, wenn nationale Eitelkeit Geist und Wort regieren. Als Kostprobe sei hier Vinzenz Kadlubek über die Sudauer zitiert: „ Es sind aber die Pollexaner (Sudauer), ein Stamm der Gethen oder Prußen, ein ganz furchtbares Volk in ihrer ungeheuren Wildheit noch grimmiger als alle wilden Tiere." Das schrieb er nach einem mißglückten Eroberungszug der Masowier. Keinesfalls dürfen wir bei den geschichtlichen Quellen auf den Tolkemiter Mönch Simon Grunau verzichten, den der Preußenforscher Toeppen 1860 sehr hart einen „notorischen Lügner" nennt, dessen Aussagen aber nicht immer von der Hand zu weisen sind. Grunau ging als Bettelmönch von Haus zu Haus. Er hörte und sah vieles, das anderen Zeitzeugen verborgen blieb; er wurde sogar einmal unfreiwillig zum Augenzeugen einer kultischen Handlung der Prußen, einer Bockheiligung. Die verlief in groben Zügen etwa so: Ein Priester verkündet der versammelten Gemeinde, daß Gott in 10 Geboten den Menschen gesagt habe, wie sie leben sollten. Danach nahmen sie einen Bock und der Priester weihte ihn. Dann schlug er dem Bock das Haupt ab. Das Blut wurde aufgefangen und dem kranken Vieh gegeben. Sie enthäuteten den Bock und legten die zerteilten Fleischstücke über ein Feuer und brieten diese. Während das Fleisch allmählich gar wurde, knieten sie der Reihe nach vor dem Priester nieder und dieser gab ihnen durch eine Ohrfeige eine Art Absolution. Weil aber ein Priester auch ein sündiger Mensch ist, zogen die eben Geohrfeigten ihn kräftig an den Haaren bis er laut zu schreien begann. Je lauter der Priester schrie, desto größer und nachhaltiger sei die Vergebung der eigenen Sünden.

Ferner sind noch zu nennen Lukas David, der von Albrecht von Brandenburg, dem letzten Hochmeister des Deutschen Ritterordens ausdrücklich damit beauftragt war, die Geschichte der alten Preußen zu schreiben. Lukas David wurde 1503 in Allenstein geboren, war also ein Kind des Landes. Seine Mutter war eine geborene Oßenborn und heiratete als Witwe einen von Thüngen, einen Angehörigen des ostpreußischen Landadels. Lukas David hat 1522 die Universität Leipzig bezogen, studierte die Rechte und hat dort auch kurze Zeit doziert. Über den Bischof Tidemann Gise von Kulm, dem späteren Bischof des Ermlandes, dessen Kanzler Lukas David war, wurde er dem Markgrafen Albrecht zur Anstellung als Rat des Hofgerichtes in Königsberg empfohlen. Albrecht beurlaubte ihn von diesem Dienst, damit er die Geschichte des Landes und seines Volkes nach den alten Urkunden in den Landesarchiven, wie auch derer in den Privat-Archiven des Markgrafen und auch solcher in den Archiven der Städte Thorn, Danzig und Elbing aufzeichnete. Um 1576 muß er die Reinschrift begonnen haben und bis zu seinem Tode im Jahre 1583 hatte er 10 Bände geschafft, in denen die Ereignisse in Preußen bis zum Jahre 1410, Schlacht bei Tannenberg, dargestellt wurden.

Lukas David hat die Chronik des 1. Preußen - Bischofs Christian vorgelegen, er bezieht sich einige Male auf sie. Dieser Christian war begabt und sehr gelehrt, so daß er zum Abt des Klosters Oliva gewählt wurde. In dieser Eigenschaft reiste er nach Rom und stellt dem Papst Innozenz III. zwei von ihm getaufte Prußen-Häuptlinge, Warpode und Survabuno, vor. Der Papst ermunterte Christian, ernannte ihn zum ersten Bischof in Preußen und gab ihm Vollmacht auch gegenüber Konrad von Masowien. Christian schrieb eine Art Chronik oder Erlebnisbericht über die Prußen „nemlich den vom Teuffel vorblendeten und vorstockten Preussen" unter dem Titel „Liber filiorum Boelial et eorum superstitionibus", Buch von den Kindern des Teufels und ihrem Aberglauben. An einer Stelle dieses Buches weiß er jedoch Gutes über die „Kinder des Teufels" zu berichten: „... sind diese Leute schlichte und einfache Menschen gewesen, dem Fremden nach ihrem Vermögen freundlich und wohltätig, sind diese Menschen im Trinken und Essen sehr mäßig, ihr Trank ist lauter Wasser und sind doch schön und von säuberlicher Gestalt, im Reden fast bescheiden. Lesen und schreiben konnten sie nicht."

Weitere Zeugen sind der Geograph Kaspar Henneberger, der die von den Prußen bewohnten Gebiete beschrieb und der Professor Christoph Hartknoch, der seine Geschichte „Altes und neues Preußen" 1684 herausgab. Als Vertreter der neueren Geschichtsschreiber muß man vor allem noch nennen den Königsberger Professor Johannes Voigt, der seine 10-bändige, mit großer Akribie angefertigte „Geschichte Preußens" 1827 vorlegt, die zwar in mancher Hinsicht ein wenig veraltet ist, wegen der ausführlichen Zusammenstellung des Quellenmaterials auch heute noch wertvoll und für Preußenforscher unverzichtbar ist. Vor allem muß in diesem Zusammenhang noch Heinrich Gerlach erwähnt werden, der in seinem Buch „Nur der Name blieb" Glanz und Untergang der alten Preußen beschrieb, diese „mein Volk" nennt und von sich selber sagt: „Ich bin ein Pruße". Daß einer, nachdem soviel Falsches und Entstellendes über die Prußen gesagt worden ist, sich mit Selbstbewußtsein zu diesem Volk bekennt, nötigt uns Hochachtung ab.

Nachdem nun die hauptsächlichen Zeitzeugen genannt worden sind, wollen wir uns etwas ausführlicher mit Peter von Dusburg beschäftigen, auch um Fehlinterpretationen zu vermeiden.

Das einzige feststehende Jahr im Leben des Peter von Dusburg ist das Jahr 1326. In diesem Jahr übergab er dem Hochmeister Werner von Orseln seine „Chronicon terrae Prussiae", ein, nach Lage der Dinge, bedeutendes Zeugnis zur Geschichte der Prußen. Er nannte sich der Sitte der Zeit entsprechend Peter von Dusburg und deutet damit an, daß sein Geburtsort die Stadt Duisburg, oder wie sie damals geschrieben wurde, Dusburg, im Herzogtum Cleve - Berg war. Wir lernen ihn kennen als Priesterbruder im Ordenskonvent von Königsberg, der dem Hochmeister unter Beifügung eines Schreibens die Chronik übersandte. Am eingehendsten schildert er Verhältnisse, Ereignisse, sowie das Leben und die Taten der Ritterbrüder, die in dieser Ordensburg lebten.

Die Chronik beginnt mit der Schilderung von Ereignissen des Jahres 1280. Die Verhältnisse und Vorgänge in den Gauen Natangen, Schalauen, Nadrauen und des Samlandes, also der umgebenden Landschaften Königsbergs, interessieren ihn am meisten, weshalb er sie auch ausführlicher festhält. So schildert er, wie einmal drei Ordensritter mit 300 Mann von Ragnit aus ins feindliche Land einfallen und keinen weiteren Erfolg haben, als daß sie eine Viehherde erbeuten, die Hirten, die diese beaufsichtigten, erschlagen, ebenso einige Leute, die den Hirten zu Hilfe eilen und außerdem 70 Litauer gefangen nehmen. In seinem Schreiben an den Hochmeister sagt er über den Inhalt seiner Chronik: manches habe er selbst gesehen, manches von Augenzeugen gehört und manches von anderen Zeitgenossen erfahren. Aus dem Schreiben geht ferner hervor, daß er nur die Verhältnisse des Ordens und dessen ausgewählte Aktionen schildern wollte, die Verhältnisse des Landes und seiner Bewohner seien nicht der Kernpunkt seiner Chronik, vielmehr die Christianisierung der Prußen und wie der Orden diese durchführte.

Diese Christianisierung ist für Dusburg an sich gut und im Sinne Gottes. Daß die Prußen ihre Christianisierung als einen ungerechtfertigten Angriff auf ihre geistige Kultur und äußere Freiheit sahen, macht sie in den Augen Dusburgs zu Gottes Feinden, zu „filii Belial". Daß Konrad von Masowien, dem auch von zeitgenössischen polnischen Geschichtsschreibern kein gutes Zeugnis ausgestellt wird, sich entschließt, den Orden um Hilfe gegen die Prußen zu bitten, ist für Dusburg eine Eingabe Gottes. Der Pommernherzog Suantepolk, der den Prußen in ihrem Abwehrkampf zeitweilig half, ist für Dusburg konsequenterweise ein „filius Diaboli". So viel zu Dusburgs Chronik, die seiner Glaubenshaltung entsprach. Eine andere Frage ist die nach der geschichtlichen Wahrheit, nach dem was faktisch geschehen ist.

Als Peter von Dusburg seine Chronik dem Hochmeister überreichte, wollte er, daß dieser sie selber prüfe, und da wo es ihm notwendig erschiene, korrigiere. Er stellte sich also dem, was damals Öffentlichkeit war. Zu einem großen Teil kann man Dusburgs faktische Angaben anhand parallel laufender diplomatischer Urkunden und Aufzeichnungen des Ordens überprüfen und man stellt Übereinstimmung fest. Auch Zahlen, die er angibt, werden an anderer Stelle genau so aufgezeichnet. Das gilt für die Zeit seines Erlebens der Dinge; aber als er aus des Ordens erster Zeit im Lande der Prußen berichtet, ist er ungenau, weil ihm keine Quellen zur Verfügung stehen oder diese selber unsicher sind. Kotzebue nennt Dusburg einen „faden Ordensschmeichler." Lukas David, der gut 200 Jahre nach Dusburg lebte, sagt über ihn und seine Chronik „... daß Dusenberg nicht ein ungeschickter Mann zu seiner Zeit gewesen und die Geschichte seines Ordens ziemlich gewußt und durchlesen. Das er aber viel Dinge seinem Orden zu gute verschwiegen, ist aber nicht eines guten Geschichtsschreibers Art und es mag wohl seyn, daß nach seinem Tode ist herausgenommen worden, das dem Deutschen Orden nicht gedient und gefallen. Denn wie oben gedacht, der deutsche Orden auch derhalben viel Preußische Chroniken, wie man sie nennet, verboten und verbrennen lassen, daß ihre rühmlichen Taten zum Teil nicht sollten auf die Nachfolgenden kommen und ihre seltsamen ja böse Tücken offenbar würden". Diese Darstellung des Lukas David spricht für sich.

Aber darüber hinaus bleibt festzuhalten: Es hat mit Sicherheit zeitgenössische Chroniken, wahrscheinlich von Prußen verfaßt, gegeben, die auf Anordnung des Ordens vernichtet wurden. Er wollte eben, daß nur seine Ansicht über das Geschehen zu gelten habe, die Meinung der Prußen über die Maßnahmen des Ordens sollte verschwiegen werden. Durch Jahrhunderte hindurch hat dieses Verhalten des Ordens seine Wirkung ausgeübt.

Zum Namen und zur Sprache des Volkes

Zum Namen

Tacitus und mit ihm die Berichterstatter des Altertums nennen das Volk, das an den Haffküsten den Bernstein sammelte, Aestier. Ob diese Bezeichnung eine litauische Sprachwurzel hat, steht nicht fest, denn die litauische Bezeichnung „Aismares" für das Frische Haff hat nur eine entfernte Ähnlichkeit mit der Volksbezeichnung Aestier. Sie wird auch noch von Jordanes gebraucht. Doch Marija Gimbutas, eine litauische Professorin, die in den USA lehrt, gibt an, daß ein bajuwarischer Geograph um 845 erstmals „Bruzi" schreibt, wenn er von den westbaltischen Stämmen berichtet, und Ibrahim - ibn - Jakub, ein arabischer Kaufmann, der in Spanien ansässig war, berichtet um 965 von den „Brus". Sie hätten eine eigene Sprache und wehrten sich tapfer gegen die Wikinger, wenn diese versuchten, in ihr Land einzudringen. Gaudentius, einer der Begleiter Adalberts von Prag, der auch das Leben seines Meisters beschrieb, ist einer der ersten, der den Namen „Prußen" zwischen 997 und 1006 verwendet. Wulfstan hat diesen Namen noch nicht gekannt. Der nächste war der Geschichtsschreiber Dietmar von Merseburg, der „Prussia" schreibt, wenn er vom Lande der Prußen berichtet. Es ist wahrscheinlich, daß Dietmar den Namen von seinem Freunde Bruno von Querfurt erfahren hat, der in Preußen missionierte. Adam von Bremen, der 1081 starb, schrieb „Sembi vel Pruzzi" - „Semben oder Prußen", wenn er von dem Volk zwischen Weichsel und Memel berichtete.

Von diesem Zeitpunkt an wird der Namen „Prußen" allgemein gebraucht, auch von den Nachbarn in Polen und Deutschland. Aber diese Quellen sagen nichts über seine Entstehung. Das reizt zu erforschen, wie der Name wohl entstanden sein mag. Die Annahme des polnischen Geschichtsschreibers Naruszewicz, die Polen seien die eigentlichen Namengeber für die Prußen gewesen, muß als falsch und gegenstandslos zurückgewiesen werden. Er hatte behauptet, der Name Prußen sei aus dem polnischen „po-ruzzi" entstanden, was „ bei den Russen wohnend" bedeuten würde. Zu diesem Zeitpunkt, als der Name „Prußen" schon längst gebräuchlich war, also zwischen 900 und 1000, waren die ostslawischen Stämme der „Rus" noch nicht bis an die Grenzen der östlichen prußischen Wildnis vorgedrungen. Die Polen selbst sind erst gegen Ende des 7. Jahrhunderts in dem großen Stammesverband der Lechen, zu dem auch die Pomeranen, die Masowier und die Liutizen gehörten, von der unteren Donau an die mittlere Weichsel gekommen. Interessant im Zusammenhang mit der Namengebung ist, daß der Preußenkönig Friedrich der Große auch einem Irrtum zum Opfer fiel. Er bezog den Namen „Borussia" auf den Ruß, einen der Mündungsarme der Memel. Späte Nachläufer dieses Irrtums sind in unserer Zeit Fußballvereine, die sich den Namen Borussia gaben, weil sie Preußen meinten. Nach Prof. Dr. W. La Baume nannten sich die alten Preußen selber „Prusai". Das „u" wird etwas gedehnt gesprochen und das folgende „s" scharf wie Doppel-ss. Die lange Zeit gebräuchliche Schreibweise „Pruzzen" mit zwei „z" also, verleitete zu der irrigen Auffassung, daß diese auch wie „z" gesprochen werden müßten. Die Aussprache des Konsonanten „z" wurde im Mittelalter wie ein scharfes „s" gesprochen. Das wird heute nicht mehr bedacht. Als Beispiel sei die folgende Zeile aus einem mittelalterlichen Minnelied angeführt, die sicher vielen bekannt ist: „ Dez solt du gewizz sin" - „Des solt du gewiss sin". Die Deutschen des Mittelalters, genauer des 13. Jahrhunderts, lernten den Namen des Volkes ebenfalls in dieser Form kennen: „Prusai". Da sie gewohnt waren, die Namen anderer Völker mit „i" oder „in" ausklingen zu lassen, sprachen sie „Pruzzin", und das Land der Pruzzin nannten sie „Pruszia" oder „Prussia". Nikolaus von Jeroschin, der Übersetzer Peter von Dusburgs, verwendet die Termini „die Pruzin" und „Pruzinland". Damals schrieb man die heutigen Wörter Haß, Faß, daß, groß folgendermaßen: Haz, Faz, daz, groz. Als sich der Umlaut in der deutschen Sprache entwickelte - aus Uhle wurde Eule, - wurde auch „Prussin" davon betroffen, so daß der Name Preußen entstand.

Die Ableitung des Volksnamens „Prusai" von dem Namen des ersten Griwe-Griwaito Bruteno ist nicht von der Hand zu weisen. Bruteno muß für sein Volk eine herausragende Bedeutung gehabt haben, daher wäre es zu verstehen, wenn sie sich nach ihm nannten. Vielleicht war es in damaliger Zeit ein erster Versuch, die Vielzahl der Stämme auch politisch zusammenzufassen; was liegt näher, als sich dabei eines Namens zu bedienen, der an ein verpflichtendes Erbe erinnert?

Als der Kurfürst Friedrich III. von Brandenburg sich 1701 in Königsberg selbst krönte, nannte er sich König in Preußen, was der Kaiser schweigend anerkannte. Seine Nachfolger, Friedrich Wilhelm I. und Friedrich II. dem die Geschichte den Beinamen „der Große" gab, machten Preußen zur europäischen Großmacht. Seither verband man Begriffe wie Sparsamkeit, Pflichterfüllung, Verläßlichkeit, Gerechtigkeit, Toleranz und Tapferkeit mit dem Namen Preußen, allerdings auch das Zerrbild des Monokel tragenden Leutnants. „Preußen" erhielt einen guten Klang vor allem durch Friedrich den Großen, der in ganz Europa zum Inbegriff der eben erwähnten Tugenden bis in unsere Zeit wurde.

Daran ändert auch Nr. 46 vom 25.2.1947 des „Amtsblatt des Alliierten Kontrollrates in Deutschland" getroffene Aussage nichts. Die Verfasser dieser Verfügung des Alliierten Kontrollrates haben damit für jedermann sichtbar bewiesen, daß sie selber ein sehr enges Geschichtsbild hatten und von der geschichtlichen Wahrheit weit entfernt und sehr einseitig in der Wertung historischer Tatsachen waren.

Zur Sprache

Von Tacitus, dem römischen Konsul, hörten wir weiter oben, daß er die Sprache der Prußen mit der britannischen verglich, doch darin irrte der kluge Römer. Zum einen hatte er nie Prußen sprechen hören und zum anderen besteht, abgesehen davon, daß beide Sprachen, die der Briten und der Prußen zu den indogermanischen Sprachen gehören, auch nicht die mindeste Ähnlichkeit zwischen diesen beiden Sprachen. Prußisch ist eine westbaltische, während Litauisch und Lettisch ostbaltische Sprachen sind. Prußisch ist eine eigene Sprache, das hat Ibrahim-ibn-Jakub, ein spanischer Jude, um 965 festgestellt, als er eine Reise ins Land der Prußen unternahm. Simon Grunau, der Tolkemiter Mönch, sagte am Ende seines Vokabulars prußischer Wörter: „Und so ist abzunehmen, wie Prußisch eine besondere Sprache ist, und der Pole nichts davon versteht, der Litauer ganz wenig." Sie wurde mit nur wenigen dialektalen Unterschieden in allen 11 Stammesgebieten gesprochen. Samländer, Natanger und Pomesanier konnten einander gewiß nicht schlechter verstehen, als das heutzutage Hamburger, Rheinländer und Bayern können. Als die Sudauer am Ende ihres Freiheitskrieges ins Samland „umgesiedelt" wurden, das gab es also schon 1283, konnten sie ohne Schwierigkeiten die Samländer verstehen und umgekehrt, sie waren zweifelsfrei ein prußischer Stamm.

Wir haben heute drei schriftliche Überlieferungen der prußischen Sprache vorliegen, die allerdings keinen vollständigen Einblick in den Umfang dieser Sprache gewähren.

Es sind dies:

1) Das Elbinger Vokabular deutsch-preußisch, das rund 800 Stammwörter umfaßt und aus der Zeit um 1400 stammt.

2) Das Vokabular des Simon Grunau „Deutzsch-Preusch" das in der Zeit 1517-1526 entstand mit etwa 100 Begriffen, die mit ostbaltischen und polnischen Wörtern und Redewendungen vermischt sind, und das ein Vaterunser in prußischer Sprache enthält.

3) Die drei Übersetzungen des Lutherschen Katechismus, die eine aus den Jahren 1545, erste Ausgabe; 1546 die zweite verbesserte Ausgabe und 1561 die dritte Ausgabe (Enchiridion genannt).

Das Elbinger Vokabular, um 1400 enstanden, gibt die pomesanische Mundart wieder. Es ist im Original nicht mehr vorhanden sondern liegt als Abschrift vor. Diese ist sehr ungenau und enthält viele Fehler. Hinzu kommen viele sprachliche Ungereimtheiten, die auf die Benutzung verschiedener deutscher Mundarten zurückzuführen sind.

Der Dominikanermönch Simon Grunau übersetzte die Wörter sehr unpräzise und in der Rechtschreibung verfuhr er sehr willkürlich.

Die Übersetzungen des Lutherschen Katechismus bedienen sich der samländisch-natangischen Mundart.

Herzog Albrecht, der 1525 die Reformation in Ostpreußen einführte, ordnete die Übersetzung des Katechismus in die prußische Sprache an. Die erste Ausgabe erschien 1545 in 200 Druckexemplaren in Königsberg. Die Verfasser sind nicht bekannt haben aber gleich im Vorwort auf die Unzulänglichkeit der Übersetzung aufmerksam gemacht. Deshalb erschien noch im gleichen Jahr die zweite Übersetzung unter dem Titel „Catechismus in preüßnischer sprach gecorrigieret und dagegen das deüdsche", die Auflage betrug leider nur 190 Stück. Im Vorwort dieser zweiten Ausgabe ist ein Satz von besonderem Interesse: „Sonderlich uff Natangen da von wegen der vielfeltigen und langwerigen Kriege das volck zu mermalen vertrieben und versetzt und deshalben auch die sprache zum Teil geendert und vermenget." [4]

Mehr als 250 Jahre nach dem Geschehen ist also das Wissen um die Umsiedlungsaktionen des Ordens lebendig geblieben. 1554 folgte dann die Beauftragung des Pobethener Pfarrers Abel Will mit der dritten Übersetzung, dem Enchiridion, das 1561 erschien. Unter der Bezeichnung „Der kleine Katechismus" kannte es beinahe jedermann.

Wenn sich die Übersetzer auch einheimischer Prußisch-Sprechender bedienten, so waren ihre Werke nicht einwandfrei, weshalb der Sprachforscher Bernecker meint: Die Sprache derselben mag für jedes preußische Ohr wohl recht barbarisch geklungen haben.[5] Das Hauptübel war, daß die prußische Sprache nur schwer in Schriftsprache umgesetzt werden konnte. Außerdem ist zu bedenken, daß die Sprache der Prußen zur Zeit der Reformation bereits vom Verfall bedroht war, weil sich im alltäglichen Leben mehr und mehr deutscher Einfluß in der Verständigung untereinander durchsetzte. Diesen Prozeß hielt auch die von Herzog Albrecht angeordnete Einsetzung von Tolken nicht auf. Die sonntägliche Predigt des Pfarrers wurde von einer zweiten Kanzel Satz für Satz von einem solchen Tolken übersetzt. 1544, und erneuert 1568, wurde in einer Kirchenordnung die Anstellung von Kaplänen zur Unterstützung der Pfarrer in prußischen Gemeinden vorgesehen. Aber aller gute Wille des Herzogs, durch diese Hilfen die prußische Sprache zu erhalten, scheiterten dadurch, daß die Prußen sich an ihre deutsche Umgebung selber immer mehr anglichen. Während man 1625 „noch etliche Leute" fand, die prußisch sprachen, war es 1677 nur ein einziger alter Mann von der Kurischen Nehrung, der die Sprache seiner Väter beherrschte. Als auch er im selben Jahre starb, teilte ein unbekannt gebliebener Zeitgenosse in einem Exemplar der prußischen Übersetzung des kleinen Katechismus dieses Ereignis mit und fügte hinzu: „diese alte prußische Sprache ist nunmehr gantz und gar vergangen worden."[6]

Wie die prußische Sprache geklungen haben mag, können wir heute nur ahnen, wenn wir Gelegenheit haben, einmal den aus ihrer Heimat vertriebenen älterenOstpreußen zuzuhören, wenn diese in ihrem breiten, gemütlichen und anschaulichen Dialekt miteinander sprechen, wenn sie „plachandern". Unzählige Personennamen und Ortsnamen von Städten und Dörfern im Lande der Altpreußen gehen auf prußischen Ursprung zurück. Ein Beispiel mag für viele stehen: Bei Lötzen am Löwentin-See lag das Dorf Wilkassen; „wilkis" (pr.) heißt Wolf und „assaran" (pr.) See; Wilkassen läßt sich also mit Wolfsee übersetzen.

Leben in Familie und Stammesgemeinschaft

Wulfstan war ein Seefahrer und Kaufmann, der vor 890 an den Hof des angelsächsischen Königs Alfred des Großen kam. Über seine Herkunft ist nichts bekannt. Im Auftrage dieses Königs unternahm er kurz vor Ende des 9. Jahrhunderts seine Reise an die Küste des Prußenlandes. Er begann sie von der damals noch viel von Schiffen angefahrenen Hafenstadt Haddeby (Heddaby), dem späteren Schleswig. Haddeby war der Hauptsammel- und -umschlagplatz der Wikinger. Nach London war es zu jener Zeit der wichtigste Hafen und Handelsplatz Europas. Wulfstan erinnert sich gern der Zeit, in der er unter den Prußen weilte, hat er sie doch über lange Zeit hinweg aus der Nähe kennengelernt und sie in ihrem alltäglichen Leben beobachten können. Er bestätigt, was wir in Einzelaspekten schon von Pytheas, Tacitus und Strabo erfahren haben. Über den Bericht Wulfstans hören wir später mehr. Wenn Pytheas von großen Scheunen spricht, die sein besonderes Interesse wachriefen, sollte man auch auf reiche Ernten schließen können. Tacitus vergleicht den prußischen Fleiß bei der Feldarbeit mit der germanischen Trägheit. „Überhaupt war Tätigkeit im ganzen Volke eine rühmliche Tugend, und Trägheit und Arbeitsscheu galten für Laster, die den Namen schändeten." [7] Ihr Fleiß und auch ihr bäuerliches Geschick waren die Wurzel für einen soliden, wenn auch bescheidenen Wohlstand. Neben dem Ackerbau wurde Viehzucht und besonders Pferdezucht mit großem Erfolg betrieben. Wenn Dusburg von Flachsspinnen und Wollarbeiten berichtet, so müssen auch Flachsanbau und Schafzucht betrieben worden sein. Sparsam und einfach war das Essen der Prußen. Sowohl Fleisch von zahmen Tieren aus der bäuerlichen

Wirtschaft als auch das Fleisch von auf der Jagd erlegtem Wild wurde gebraten, gewürzt mit frischen oder getrockneten Kräutern; es galt als das vorzüglichste Gericht. Die Natur des Landes, ausgedehnte Wälder und eine Vielzahl von Seen, empfahlen die Ausübung der Jagd und des Fischfanges. Neben der Nahrung gewannen die Prußen auch Pelze durch die Jagd. Die Jagdbeute war so reichlich, daß sie überschüssige Pelze gegen andere von ihnen begehrte Waren eintauschten. Es waren vor allem Felle von Bären, Wölfen, Luchsen, Mardern und Iltissen, die von ihnen zu wohlduftenden Pelzen verarbeitet wurden. Milch und Haferspeisen wechselten mit dem, was der Akker, der noch wenig entwickelte Hausgarten, der Wald, die Flüsse und die Seen an Nahrung boten. Das Backen von Brot und Kuchen war bei ihnen ebenso verbreitet, wie das Brauen von Bier und Met. Das geerntete Getreide wurde in den großen Scheunen gedroschen, wenn die eigentliche Erntearbeit beendet war. Nur alte und gebrechliche Menschen waren von der harten Tagesarbeit befreit. [8]

Ihre vorzüglichen Kenntnisse in der Bienenzucht brachten ihnen in reichem Maße Honig und Wachs, deren Überschuß sie auch in den Tauschandel gaben. Töpfern und das Bearbeiten von Leder waren handwerkliche Tätigkeiten, die jedermann ausübte; aber dem gefundenen Bernstein eine gefälligere Form zu geben und ihn zu Schmuck zu verarbeiten war schon eine Kunst, die nur wenige beherrschten.

Den Fremdling, der als Gast bei ihnen einkehrte, sahen sie als ein von den Göttern gesandtes Glück an; alles was das Haus an Wohltat bieten konnte, ließ man ihm widerfahren und selbst der Besitzer der ärmlichsten Hütte umsorgte den Gast einen Tag lang. Dazu gehörte auch der Willkommenstrunk, der gern ausgedehnt wurde; man hatte ein schlechtes Gewissen, wenn der Gast aufstand ohne trunken zu sein. Aus dem gern gespendeten Zutrunk wurde häufig ein uriges Gelage und dieses endete beiläufig mit der Trunkenheit aller, die an ihm teilgenommen hatten. Gastfreundlich zu sein galt als selbstverständliche Tugend, die von Arm und Reich gleichermaßen geübt wurde.

Die Prußen waren ein gesundes und körperlich kräftiges Volk, ihr Wuchs war schlank und hoch; Abhärtung und einfache Lebensweise gaben ihnen eine solide Gesundheit und bescherten ihnen ein hohes Lebensalter. Es war keine Seltenheit, daß ein Mensch hundert Jahre und älter wurde. Langes blondes Haar, blaue Augen und ein frisches rosiges Gesicht waren äußere Kennzeichen. Der Bart des Mannes blieb ungeschoren, er galt als seine Zierde. Die Kleidung war einfach, zumeist von weißer Leinwand, nur Vornehme trugen Kleidung aus weißem Tuch. Im Winter schützten Tierfelle gegen die Kälte. Die weiten Hosen reichten bis an die Fußknöchel und ihre Füße steckten in einfachem Lederwerk. Die Frauen trugen bleigraue, leinene Gewänder, die lang hinunter reichten, sie jedoch nicht beim Gehen behinderten; die obere Brust und die Arme blieben im Sommer unbedeckt. Im Winter schützte ein weites Tuch gegen Kälte und Regen. Als sie gelernt hatten, feinere Kleidung herzustellen, tauschten sie Pelzwerk gegen feine Stoffe und Gewebe. Die Frauen mehr, die Männer weniger, trugen später auch feingearbeiteten ausländischen Schmuck, Ringe, Ketten und Spangen aus Messing und Silber, die die Händler in den größeren Orten anboten. Eine nach Bedarf und auch Mode gebogene Haarnadel hielt das Haupthaar. Gern wurde von ihnen für den besseren Sitz eines Kleides und seinen Halt über der Brust eine schön gearbeitete Schnalle oder Spange am Kleide getragen. Gold und Silber schätzten die Prußen nur dann, wenn diese zu Schmuckgegenständen verarbeitet waren. Gold an sich hatte bei ihnen keinen besonderen Wert. Ebenso einfach wie ihre Kleidung waren auch ihre Behausungen, beide hatten einen Zweck zu erfüllen: den Leib zu schützen und ihn zu bergen vor großer Kälte und sengender Hitze wie auch gegen Sturm und Regen. In der Mitte ihrer Häuser diente ein großer ausgehöhlter Stein als Feuerstelle und Herd. Die Räume waren etwa eine Armlänge höher als die Körpergröße erwachsener Menschen.

Einem Mann war es gestattet bis zu drei Frauen zu nehmen, von denen eine das Sagen hatte. Die Zahl der Ehefrauen war natürlich durch Reichtum und Vermögen bedingt, das ein Mann besaß. Ärmere werden sich wahrscheinlich mit einer Frau begnügt haben.

Wie bei anderen europäischen Völkern auch, wurde die Braut von dem Heiratskandidaten gekauft. Als Kaufpreis wurde ursprünglich eine unterschiedliche Zahl an Vieh oder Maß Getreide, später eine auszuhandelnde Geldsumme gezahlt. Der Kaufpreis schwankte zwischen 1 und 10 Mark in damaliger prußischer Währung. Im Vertrag von 1249 mußten die Prußen auf die Ausübung dieses Brauches verzichten, aber durch Peter von Dusburg erfahren wir, daß die Kaufehe zu seiner Zeit, also 1325, noch durchaus üblich war. [9] Um diese Zeit kann man im Treßlerbuch des Ordens folgenden Satz lesen: „ Wir (der Orden) kauften ihm ein Weib für 2 Mark". Verwandschaftsgrade spielten bei der Brautwahl keine Rolle, wenn es sich nicht gerade um die eigene Schwester handelte, im allgemeinen aber heiratete man nicht gern in der Verwandschaft. Der Rolle, die die Frau im Haus zu spielen hatte, war der Kaufpreis entsprechend, sie hatte nicht viel zu sagen, vielmehr zu dienen und die Hauswirtschaft zu führen. Eine Praxis, die sich vielfach bis in die Neuzeit nicht nur bei den Prußen gehalten hatte. Die Frauen aus vornehmem Geblüt waren besser gehalten.

Die Heirat war Anlaß zu einem Fest, das man ausgiebig und mit gesunder Daseinsfreude feierte. Nachdem die Braut vom künftigen Schwiegervater gekauft war, schickte der Bräutigam erste Geschenke, buntdurchwirkte Borte oder einen Mantel. Wenn der Tag der Hochzeit herangekommen war, auf den sich die Familie und deren Freunde vorbereitet hatten, versammelte die Braut ihre Freundinnen, und alle Frauen stimmten ein Klagelied an, in dem die Eltern, das Vieh und das Herdfeuer bejammert wurden und in dem zum Ausdruck kam, daß sie alle nun ohne die liebevolle Fürsorge der Braut auskommen müßten. Dann sandte der Bräutigam einen Wagen, die Braut, ihre Eltern, Verwandten und Freunde abzuholen. An der Grenze des Besitztums des künftigen Mannes kam dem Festzug ein Mann entgegen, in der einen Hand einen lodernden Feuerbrand und in der anderen ein gefülltes Trinkgefäß haltend. Dreimal lief er nun um den Wagen, ließ die Braut trinken und rief ihr zu: „Wie sonst in deines Vaters Hause, so bewahre nun das Feuer in deinem eigenen", dann schwang er sich auf den Wagen und ergriff die Zügel. Vor dem Hause des Bräutigams angekommen, mußte der Fuhrmann, „Kellewese" genannt, so schnell er konnte vom Wagen springen, in das Haus flüchten und schnell einen Stuhl ergreifen, der mit einem blaudurchwirkten Leinentuch drapiert war. Wenn ihm das gelang, waren das Tuch und andere reich bemessene Gaben sein Lohn. Gelang ihm das jedoch nicht, so schlugen die Gäste mit großem Hallo munter auf ihn ein. Danach wurde die Braut mit großen Ehren im Hause empfangen und der „Kellewese" reichte ihr den eroberten Stuhl. Sie trank ihm freundlich zu und wurde an den Herd geführt. Dort wusch man ihr die Füße und mit dem Wasser wurden die Gäste, das Brautbett, Vieh und Hausgeräte besprengt. Danach benetzte man der Braut den Mund mit Honig und geleitete sie, deren Augen mit einer Binde bedeckt wurden, an jede Tür des Hauses. Der Brautführer rief ihr zu: „Stoß auf!", und sie hatte dann die Tür mit dem Fuße aufzustoßen. Dabei wurde sie mit Getreidekörnern verschiedener Art bestreut und ihr zugerufen: „Halte fest am Glauben unserer Götter, so werden sie dir alles geben!" Danach ließ sich die Hochzeitsgesellschaft zu einem von Heiterkeit bestimmten Mahl nieder und feierte bis zum späten Abend, oft bis in den Morgen hinein mit Musik und Tanz. Eine der Freundinnen schnitt dann der Braut das Haar ab. Ein mit einem weißen Tuch umnähter Kranz wurde ihr aufgesetzt, den sie dann in der folgenden Zeit bis zur Geburt des ersten Sohnes trug. Zum Brautbett wurde die Braut mit sanften Schlägen geleitet. Vorher jedoch reichte man ihr einen gebratenen Hahn, von dem sie kosten mußte. Manchmal waren es auch Bocks- oder Bärennieren, weil man glaubte, sie würden zu besonderer Fruchtbarkeit verhelfen. Am nächsten Tage begann das Leben als junge Ehefrau, das sie als Eigentum des Mannes, aber auch in dessen Achtung der fraulichen Lebensgestaltung führte. Unter den Frauen eines Mannes war immer die erste auch die vornehmste. Ihren Ehestand haben Männer wie Frauen treulich gehalten. Wer Ehebruch beging, der wurde fern von den Göttern in Romowe oder anderen Heiligtümern im Lande verbrannt. Seine Asche wurde auf den Weg gestreut. Kinder, die aus einem Ehebruch hervorgingen, konnten niemals Priester werden. Die Kinder, die die Gattin ihrem Ehemann gebar, galten auch als Eigentum des Mannes. Die Erziehung der Kinder war überaus streng und hart, jedoch unter der Beachtung der Lebensfreude als einem notwendigen Bestandteil der Erziehung. Der herangewachsene Sohn trat an die Seite des Vaters und teilte mit ihm alle Freuden und Leiden.

Nach des Vaters Tod erbten auch nur die Söhne, während die unverheirateten Töchter mit der Freigebigkeit ihrer Brüder rechnen mußten; daß ein Mädchen dann der Armut anheimfiel war die Ausnahme. Niemals kam es vor, daß der Sohn den Namen des Vaters oder des älteren Bruders erhielt. Prußische Männernamen waren z. B. Bandule, Biriske, Busse, Jokusch, Ibuthe, Kaybuthe, Kerse, Nalube, Saleide, Samile, Sude, Welote, Wodune. Frauennamen waren weniger bekannt; Nameda, Namego, Nomeda waren Namen prußischer Frauen. In diesem Zusammenhang sei von der Haltung einer prußischen Frau berichtet. Anläßlich der Belagerung von Beselede (Beisleiden), nahe bei Bartenstein 1274, rief Nomeda, die Frau eines gefallenen Sudauers ihre Söhne mit den Worten an: „ Mich reut, daß ich euch getragen und geboren habe, weil ihr Männer weder uns zu beschützen, noch euch zu retten vermögt!" Durch der Mutter Worte zu neuem Widerstand getrieben, teilten die Söhne ihren Waffengefährten die neu entfachte Kampfbereitschaft mit und viele Feinde mußten ihr Leben auf dem Kampfplatz lassen. [10] Neben diesen Personennamen hatten sich auch Namen der Geschlechter herausgebildet: die Glottiner, Karioten, Candeymen im Samland, die Monteminer in Natangen.

Bei Krankheit halfen warme Getränke aus Kräutern und Wildpflanzen, die von Waidelottinnen und Frauen mit kundiger Hand bereitet wurden. Auch bei den Festgelagen standen die Frauen „ihren Mann". Es soll häufig vorgekommen sein, daß Frauen noch auf den Beinen standen und munter waren, während die Männer schon weggesackt waren. Vor allem bei zwei Anlässen trat die Trinkfestigkeit prußischer Frauen in Erscheinung: bei der Begrüßung eines Gastes und bei der Totenfeier. Wahrscheinlich ist der Grund dafür darin zu sehen, daß die Frauen kleinere Schlucke des dargereichten Getränkes nahmen und langsamer tranken.

In der Leibespflege hielt man sich von Jugend auf unter Verwendung von Wasser und Tüchern sauber. Den Göttern zu Ehren machten sie fleißig von ihren Badestuben Gebrauch, damit sie allezeit einen frischen und sauberen Körper hatten. Priester oder Personen, die einen den Göttern geweihten Dienst versahen, badeten täglich; gewöhnliche Menschen badeten zwei bis dreimal in der Woche.

Zeugnisse über die Ausübung der Künste sind abgesehen von Töpferwaren nicht vorhanden. Des Schreibens sollen die Prußen angeblich unkundig gewesen sein, aus der Zeit der Ankunft des Ordens wird diese These berichtet,die an anderer Stelle näher beleuchtet wird. Zeitliche Verabredungen wurden durch Kerben auf einem Holz oder Lederriemen markiert. Das war ein in Europa verbreiteter Brauch, von dem die Redensart „etwas auf dem Kerbholz haben" herkommt. Die Zeit zählte man wie viele germanischen Völker nach Nächten, nicht nach Tagen. Den Tag teilten sie nach dem Sonnenlicht ein. Sie benannten nur zwei Jahreszeiten: den Sommer und den Winter. Sie zählten jedoch 12 Monate, die sinnvolle Namen hatten und jeweils deren Charakter und dem Verlauf der Natur entsprachen: den Winter-,Krähen-, Tauben-, Birken-, Kuckucks-, Saat-, Linden-, Ernte-, Brunft-, Blätterfalls-, Erdfrost-, und Dürre- Monat. Aus dieser Benennung sieht man, daß ihr gesamtes Leben aufs engste mit der Natur verbunden war. Sie beoabachteten das Wetter und richteten sich demzufolge bei dem Ablauf ihrer Tätigkeiten nach seinem Verlauf. Sie müssen tüchtige Ackerbauer und erfolgreiche Viehzüchter gewesen sein, denn niemals hört man davon, daß sie Hunger gelitten oder Nahrungsnot hatten.

Der „Preußenbischof" Christian bestürmte 1216 Papst Honorius III. einen Aufruf zum Kreuzzug gegen die Prußen zu verkündigen. Wegen anderer kirchlicher Entwicklungen, oder weil der Papst noch nicht davon überzeugt war, einem Volke, dem man das Licht des Evangeliums und der Taufe bringen wollte, die Bekehrung mit Gewalt zu verbinden, kam es nicht dazu.Erst 1218 erließ der Papst einen Aufruf zum Kreuzzug gegen die Prußen, auf diesen Aufruf wird in einem breiteren Zusammenhang noch näher eingegangen.

Möglicherweise ist der Honorius-Aufruf vor dem Hintergrund einer alten Sage aus Galindien zu sehen: Das Volk der Gelinder vermehrte sich so sehr, daß das Land allmählich übervölkert war. Da beschlossen die Männer, alle Mädchen zu töten und nur die Knaben aufzuziehen. Die Frauen waren darüber sehr erbittert. Sie hielten insgeheim Rat und sie suchten in ihrer Not die oberste Priesterin auf. Diese war gleichzeitig eine bei allem Volk hochangesehene Stammesprophetin. Nach einer Zeit des Nachdenkens, verkündete sie den Männern: Die Götter würden es gern sehen, wenn sie unbewaffnet in das Land der benachbarten Christen einfallen würden, um dort für die Götter zu rauben und zu plündern. Beutebeladen machten sie sich nach getaner Tat auf den Heimweg. Doch sie wurden von den Christen, die sich inzwischen gesammelt und bewaffnet hatten, ereilt und zum großen Teil niedergemacht. Die wenigen Überlebenden sollen dann unter ihren Frauen grausame Rache geübt haben. Soweit der Bericht der Sage.

Nach dem Tode ihres Gatten blieb die Altpreußin rechtlos, wenn der Mann nicht zu Lebzeiten es anders geregelt hatte. Erbansprüche an das Gut und die Habe des Verstorbenen konnte nur der männliche Nachkomme erheben. Witwen und unverheiratete Töchter gingen als Besitz an den rechtmäßigen Erben über. Es konnte also durchaus vorkommen, daß ein erbberechtigter Stiefsohn seine Stiefmutter erben und ehelichen konnte. Das kam jedoch nur als Ausnahme vor. Im allgemeinen hat die Witwe nicht wieder geheiratet; gele-

gentlich kam auch die Selbsttötung der Witwe vor. Bei Gräberfunden wurde festgestellt, daß Mann und Frau in der gleichen Grube beigesetzt worden sind. [11]
Priester waren es, die zu Rate gezogen wurden, wenn ein Mann, vor allem ein Vornehmer, von einer Krankheit befallen wurde. Sie pflegten ihn Tag und Nacht und sprachen wiederholt Heils- und Segensformeln. Sie fuhren damit fort, bis zweimal Neumond gewesen war. Wenn der Erfolg ausblieb, gaben sie ihm von der Asche des heiligen Feuers bei der heiligen Eiche an der Wohnung der Götter. Versagte auch dieses Heilmittel, so hielten die Kinder und Freunde des Mannes einen Rat. Schien ihnen die Krankheit unheilbar zu sein, so beschlossen sie seinen Tod, um ihm langes und schmerzvolles Siechtum zu ersparen. Die Priester erstickten dann auf ihre Anweisung mit Hilfe eines Kissens den unheilbar Kranken.[12] Mit künstlicher Kälte – das Rezept zu ihrer Herstellung ist bis heute nicht bekannt geworden – wurde der Leichnam einige Zeit vor der Verwesung bewahrt, je nach Ansehen des Toten bis zu sechs Monaten. Wulfstan berichtet, daß dann, wenn der Zeitpunkt der Bestattung herannahte, der Leichnam noch einmal gewaschen und mit weißen Kleidern angezogen wurde. Im Kreise der besonders geladenen Freunde und Verwandten setzte man den Toten auf einen Stuhl an den Ehrenplatz. Dann begann ein Trinkgelage, in dessen Verkauf dem Verstorbenen immer wieder von den Gästen zugetrunken wurde. In Ansprachen an den Toten bedauerten sie sein Hinscheiden und gaben der Versicherung Ausdruck, daß er es noch gut hätte haben können. Sie baten den Toten, Grüße an ihre im Jenseits befindlichen Verwandten auszurichten. Danach wurde er mit anderem Gewande gekleidet und mit Schwert und Messer gegürtet. Verstorbenen Frauen gab man Nadel und Zwirn in die erstarrten Hände. Mit einem Wagen wurden die Toten zum Begräbnisplatz gefahren.

Am Begräbnisort war auf einem Hügel ein Scheiterhaufen angelegt, und der Tote wurde auf einem Strohlager darauf gebettet. Während die Flammen emporloderten, priesen die Priester mit lauten Worten den Mut und die Tapferkeit des Verstorbenen, die er im Leben und im Kriege bewiesen habe. Weil man glaubte, daß der Tote im Jenseits sein Leben in gleicher Weise fortsetzen würde, verbrannte man auch sein Pferd, seine Waffen, Jagdhunde und Geräte. Sobald der Leichnam verbrannt war, sammelten die Freunde sehr sorgfältig die übrig gebliebenen Gebeine und die Asche und füllten sie je nach Stand in eine schön geformte Urne oder auch in eine einfache ohne jeglichen Schmuck. Außerdem kam in die Urne, was dem Verstorbenen lieb und teuer gewesen war: Ringe, Schnallen, Armspangen, Kügelchen aus farbigem Ton und Bernstein. Auch bei der Anlage des Grabhügels spielten der Stand und das gesellschaftliche Ansehen eine Rolle. Vornehme wurden häufig auf einer Anhöhe in Sichtweite ihres Wohnsitzes beigesetzt. Die Stelle, an der die Urne stehen sollte, wurde mit aufrecht gestellten unbehauenen Steinen sorgfältig ausgelegt und festgemacht, damit die Urne keinen Schaden erleiden konnte. Die Grabstelle wurde mit einem mächtigen Schlußstein verschlossen und abgedeckt. Bei Toten einfachen Standes gab man sich nicht solche Mühe. Häufig wurden deren Urnen im freien Feld, in Wäldern oder in Sandhügeln ohne den komfortablen Steinausbau gelegt. Es kamen auch gemeinsame Familienbegräbnisse vor; die Grabstätten wurden Kapurnen genannt. An den dreißig auf das Begräbnis folgenden Tage suchte die Witwe das Grab ihres Mannes unter Weinen und Wehklagen auf, und acht Tage lang kam der Mann an das Grab seiner Frau. Jeweils am dritten, sechsten, neunten und vierzigsten Tage nach der Bestattung wurde an der Grabstätte ein Trinkgelage gehalten, in das der Tote einbezogen wurde, als ob er noch leben würde. Der Antrieb für alle diese Gebräuche war der Glaube, daß der Tote in einer anderen Welt genau so weiterlebe, wie er sein Leben auf der Erde gestaltet haben würde. Der Gedanke an das jenseitige Leben war es, der den noch Lebenden das Diesseits sinnvoll und lebenswert machte, der dem alternden und kranken Prußen Sicherheit gab und ihm die Angst vor dem Ungewissen und mit Hoffnungslosigkeit angefüllten Dasein nach dem Tode nahm. Der Pruße war sich im Glauben sicher: In der jenseitigen Welt erwarteten ihn schöne und liebenswerte Frauen, gute und fürsorgliche Kinder, fröhliche Freunde, wohlschmeckende Speisen und Getränke und ruhiger Schlaf in weichen Betten: ein Leben voller Glück.

Stutenmilch war seit uralten Zeiten ein geschätztes Getränk der Prußen. Wenn ihr Rinderblut beigemischt wurde, so geriet sie in Gärung, wurde alkoholhaltig und entfaltete eine berauschende Kraft. Oft wurden diesem Getränk wohlschmeckende Kräuter hinzugegeben, um es in seiner berauschenden Wirkung zu verstärken; man nannte dieses Getränk „Poßkailes". Es wurde immer nur dann getrunken, wenn der Hausherr Gäste hatte oder fröhliche Feste gefeiert wurden. Dann trank man es bis zur völligen Trunkenheit. Wulfstan berichtet, daß dann auch bei den sonst friedlichen Prußen Streit ausbrechen konnte. Das ärmere Volk begnügte sich mit Met; einem berauschenden Getränk ohne Rinderblut und Kräuter, jedoch mit Honigzusatz.

Etwa um 890 wurde Wulfstan von König Alfred dem Großen beauftragt, genauere Kenntnisse über das Volk der „Esten", so wurden die vormals Aestier genannten, zu erfahren. Über Wulfstan selber weiß man bis heute nichts, weder seine Herkunft noch sein Geburtsdatum. Es ist auch unklar, ob er ein Bürger Schleswigs war, man weiß lediglich, daß er von dieser Hafenstadt aus seine Reise begann. Wulfstan nennt in seinem Bericht die Küstenlandschaft südlich seines

Reiseweges bis zur Mündung der Weichsel Wendenland. Die Bewohner dieses Landes waren verschiedenen Völkerschaften zugehörig. Das Land westlich der Weichselmündung nennt Wulfstan Witland, das Land das den Widen oder Withen, eine andere Bezeichnung für die Goten, seinen Namen verdankt. Nach Wulfstans Bericht münden die Weichsel und der Ilfing (Elbing-Fluß) zusammen in das Estenmeer; das ist der früher gebräuchliche Name für das Frische Haff. Wörtlich heißt es in seinem Bericht „und sie flossen nordwestwärts in die See". [13] Den Durchlaß bei Pillau kann Wulfstan nicht gemeint haben, denn er verwendet ausdrücklich die Richtungsangabe „nordwestwärts". Er hat offenbar noch keine Kenntnis davon, daß die Weichsel mehrere Mündungsarme hat und berichtet weiter, daß das Estenmeer eine Ausströmung in die Ostsee habe. Wann dieses Tief entstanden ist, wußte er nicht genau und die Prußen, die darüber Auskunft hätten geben können, hat er offensichtlich nicht gefragt.
Wulfstan hat sich in dem Handelsort der Prußen, in Truso, aufgehalten, das am Ufer des Estenmeeres gelegen haben soll. Es gilt als sicher, daß während der Regierungszeit Ottos des I. umfangreicher Handelsverkehr zwischen den Prußen und den Schweden bestand und Truso und Birka in Schweden waren die Zielpunkte des Handelsaustausches .
Aber auch der Warenaustausch mit dem Westen ging entlang der Ostseeküste über Truso. Truso war auch der Handels- und Lagerplatz für Waren, die aus dem Westen nach Rußland und in umgekehrter Richtung gingen, obwohl damals Danzig als Stadt schon bestand und erst einen kleinen Hafen hatte. Gewiß hat Wulfstan an Ort und Stelle auch Erkundigungen über das Land und seine Menschen, die Prußen, eingezogen. Nach seinen Beobachtungen gab es viele Burgherren, die politisch weitgehend selbständig waren; sie teilten diese Selbständigkeit mit ihren männlichen

Nachkommen. Von besonderem Interesse ist, was Wulfstan über die soziale Struktur des Volkes berichtet: „Das Estland ist sehr groß, und es liegen dort viele Burgen und in jeder Burg ist ein „cyninge" und die „ricostan men" trinken Pferdemilch und die „unspedigan" trinken Met." [14)] Danach gab es bei den Prußen eine ständische Dreigliederung, von der auch Peter von Dusburg berichtet: reges, nobiles und communis populus: Regierende, edle Leute und gemeines Volk. Wulfstan nennt die gesellschaftliche Schicht, die dem „König" nachgeordnet war, „ricostan men", weil sie durch größeren Besitz an Vieh und Ländereien sich von den weniger Begüterten abhob. Diese letzteren waren die zahlenmäßig stärkste Gruppe, sie stellten das Volk im eigentlichen Sinne dar und waren in ihren Rechten jedoch als frei zu bezeichnen. Es gab bei den Prußen noch eine 4. Gruppe in der gesellschaftlichen Struktur, das waren die Sklaven oder Knechte; diese rekrutierten sich zumeist aus im Kampfe gefangen Genommenen oder aus durch persönliches Schicksal Heruntergekommene.

Diese Ordnung wurde nach 1261, dem Ausbruch des großen Aufstandes, neu bewertet. Alleinige Richtschnur war seit diesem Ereignis die dem Orden bewiesene Treue oder aber der Abfall von der Ordensherrschaft; der Orden bestimmte, wer von nun an frei und edel war, und wer in den Stand der Unfreien gesetzt wurde. Ausschlaggebend war allein das Verdienst um den Orden; aber auch hierbei gab es kleine Unterschiede, die vom Einzelprivileg bis zur Verleihung des einfachen kulmischen Rechtes an die „kleinen Freien" reichen.

Erstaunliches weiß Wulfstan über den Brauch, Verstorbene längere Zeit aufzubahren. Leichen konnten über mehrere Wochen hinweg bis zu 6 Monaten, ohne Anzeichen von Verwesung zu zeigen festlich gekleidet aufgebahrt werden. „Es ist bei den Esten auch eine Kunst, daß sie verstehen Kälte zu bewirken, und dann liegen die Toten so lange da und verwesen nicht, da sie eine solche Kälte um sie bewirken. Und wenn man zwei Gefäße voll Bier oder Wasser hinsetzt, so können sie es dahin bringen, daß sie überfrieren, es sei Sommer oder Winter."[15] Man weiß bis heute nicht, welcher Mittel sich die Prußen bedienten, um auf künstliche Weise Kälte zu erzeugen, und das sogar auf längere Zeit. Dieses Wissen und Können haben die prußischen Priester, zu deren Aufgaben ein solches Tun gehörte, sorgsam verschwiegen. Es war üblich, daß man dem Toten, der mit seinen besten Gewändern geschmückt war, während seiner Aufbahrungszeit besuchte. Man sprach ihn dabei an: „Warum nur hast du uns verlassen, du hättest doch mit uns gemeinsam noch feiern und leben können." Natürlich geschah das unter häufigem Zutrinken. Nun war auch der Zeitpunkt des Wettreitens um des Toten bewegliche Habe gekommen. An dem Tag, der von den Verwandten und Freunden zur Feuerbestattung des Toten festgesetzt war, wurde seine Habe, genauer gesagt, was davon nach dem vielen Feiern, Essen und Trinken übrig geblieben war, in fünf oder sechs Teile geteilt. Diese wurden etwa eine Meile voneinander entfernt niedergelegt, der größte als erster Haufen. Alle, die Anspruch an das Erbe des Toten hatten, konnten sich bei einem Mal versammeln. Auf ein für alle gültiges Zeichen sprengten sie los, und der schnellste gewann den ersten und größten Haufen, und die folgenden die jeweils kleineren. Es ist nur natürlich, daß bei solchem Brauchtum viel Wert auf das Züchten schneller und ausdauernder Pferde gelegt wurde und über Erbstreitigkeiten infolge des Hinscheidens eines Familienoberhauptes ist bei den Prußen nichts bekannt geworden. Nachdem so alles Gut des Toten verteilt war, wurde dieser zur Feuerbestattung getragen, sein Pferd und seine Waffen begleiteten ihn. Dann sprachen die Priester ihre Formeln zur Einäscherung, der Leichnam wurde gesegnet, danach loderten die Flammen empor.

Die prußischen Gaue und Stämm
um 1200

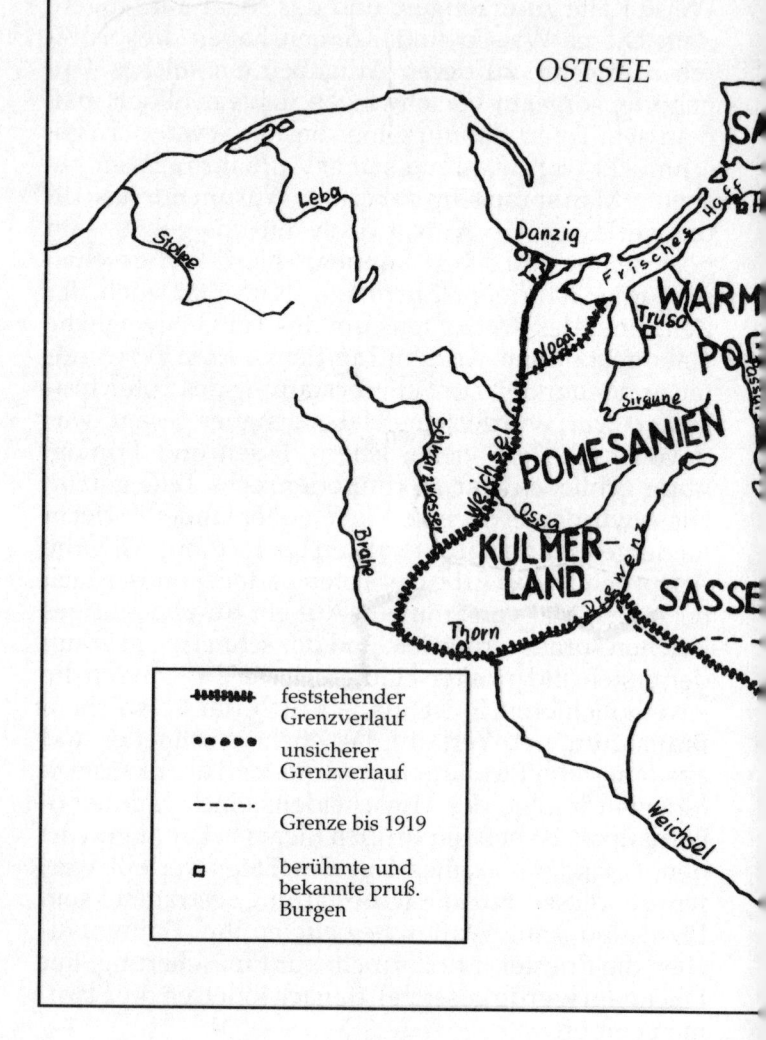

OSTSEE

feststehender Grenzverlauf

unsicherer Grenzverlauf

Grenze bis 1919

berühmte und bekannte pruß. Burgen

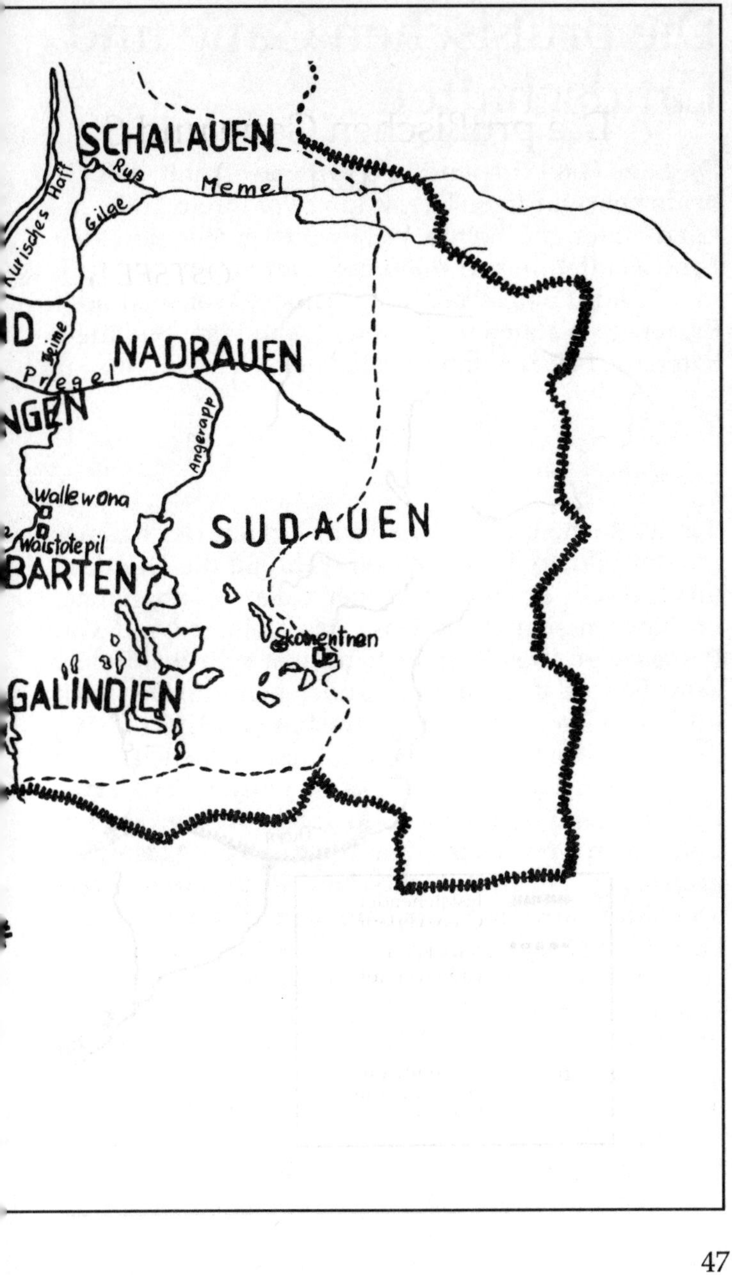
SCHALAUEN
Rus
Memel
Kurisches Haff
Gilge
D
Deime
NADRAUEN
Pregel
NGEN
Angerapp
Wallewona
Waistotepil
BARTEN
SUDAUEN
Skomentnen
GALINDIEN

Die prußischen Gaue und Landschaften

Die Sage von Widewud und Bruteno erzählt, daß die beiden ehrwürdigen Greise kurz vor ihrem Tode das Land unter die Söhne Widewuds geteilt und den Landschaften ihre Namen gegeben haben: das Kulmer Land, Pomesanien, Pogesanien, Warmien oder Ermland, Natangen, Barten, Galindien, Sudauen, Samland, Nadrauen und Schalauen.

Das Kulmer Land

Die westliche und südwestliche Grenze des Kulmer Landes bildete die Weichsel, während die Drewenz im Osten das Prußenland gegen Kujawien abgrenzte, im Norden schied die Ossa das Kulmer Land von Pomesanien. Das Kulmer Land war sehr waldreich. Zum Bereich des Kulmer Landes gehörte aber auch noch das Gebiet um Löbau, Strasburg und nach Osten hin das Gebiet südlich von Soldau, das auch unter dem Namen Land Sassen bekannt wurde. Gerade das Kulmer Land war zum Zankapfel zwischn Prußen und Polen geworden, den Konrad von Masowien großzügig an den Deutschen Ritterorden „verschenkte". Auch der Papst, um den Mönch Christian für seinen Missionseifer zu belohnen, „schenkte" diesem das Kulmer Land. Daraus ist ersichtlich, daß das Kulmer Land so etwas wie eine heiße Kartoffel geworden war, die man gern weitergab; Konrad aus dem Grunde, daß andere, die ihren neuen Besitz antreten wollten, sich ernsthafte Schwierigkeiten dabei einhandeln sollten. Man hatte den Papst offensichtlich nicht richtig informiert, oder Konrad, der Mönch Christian und womöglich der Kaiser hatten die Dinge jeweils unter ihrem Aspekt dargestellt. Der Papst wollte den ersten Bischof von Preußen für die weitere Missionsarbeit ordentlich ausstatten und schenkte ihm das vermeintlich reiche Land. Viele Burgen sind in diesem Land gebaut und wieder zerstört worden, und die Kreuzzugsheere wie auch die herzoglichen Heere zogen durch es hindurch, und alle nahmen etwas mit. Obwohl es von der Natur reich ausgestattet und sehr fruchtbar war, blieben seine Bewohner infolge der häufigen Belästigungen durch Kriegshandlungen und durchziehende Heerhaufen arme Leute.

Pomesanien

Nördlich des Kulmer Landes lag die Landschaft Pomesanien von ihm getrennt durch die Ossa. Im Westen abgegrenzt von der Weichsel und im Norden durch das Frische Haff, im Osten bis an den Elbing-Fluß, den Wulfstan auch Ilfing nennt, den Drausen-See und die Sirgune entlang, so daß die Gebiete um Christburg und Riesenburg noch eingeschlossen wurden. Die Frische Nehrung bestand zur Zeit der Prußen aus mehreren unterschiedlich langen Inseln, so daß man zwischen ihnen hindurch auf die Ostsee fahren konnte. Das nördliche Gebiet an der Weichsel und Nogat war wegen seiner Sümpfe, bedingt durch die alljährlichen Überschwemmungen, für menschliche Siedlungen nicht geeignet. Pomesanien war um die Zeitwende die Berührungslandschaft zwischen Goten und Prußen, und der kulturelle Austausch zwischen beiden Völkern war hier besonders lebhaft. Auffällig ist, daß keinerlei Berichte über Streitigkeiten zwischen diesen beiden Völkern vorliegen oder mündlich überliefert sind. Die Nachbarn im Osten waren die Warmier und im Südosten bei Osterode verlief die Grenze zum Land Sassen. Im Ordensprivileg von 1330 werden in der Landschaft von Riesenburg noch mehrere Seen genannt und aufgeführt, die es heute nicht mehr gibt. Rings um die größeren Orte, Alyem (Marienburg), Resien (Riesenburg), Grewose (Christburg), und an vielen anderen Stellen des Landes waren unterschiedlich große und befestigte Wehrburgen gebaut, die von waffengeübten Kriegswehren (Vidivarier) verteidigt wurden. In Pomesanien gab es zu prußischer Zeit noch ausgedehnte Wälder, die nach Süden zu den Charakter einer „Wildnis" annahmen.

Warmien oder Ermland

Die Landschaft Ermland, in älteren Zeiten hieß sie Warmien, hat im Norden eine natürliche Grenze: die Küste des Frischen Haffs. Im Osten grenzte sie an Natangen. Im Nordosten erstreckte sich das Gebiet der Warmier bis vor die Tore des späteren Königsberg und der bedeutenden Burg Honeda, in der Nähe Balgas. Die Grenzlinie verlief zwischen den heutigen Städten Zinten und Kreuzburg und mit der Alle nach Süden. Südlich Guttstadt schwenkte sie über die Liebe bis vor Tolkemit. Westlich von Guttstadt lag Glottau, Sitz des Adelsgeschlechtes der Glottiner, die zu den mächtigsten im Lande gehörten. Das Ermland in prußischer Zeit ist nicht deckungsgleich mit dem späteren Bistum Ermland.

Pogesanien

Die Landschaft Pogesanien grenzte westlich an Pomesanien und im Norden an Warmien und Natangen, im Osten an das Barter-Land und im Süden an Galindien. Die Städte Heilsberg und Seeburg liegen in seinem Gebiet. Eine Reihe von Burgen schützten die Bewohner Pogesaniens in Kriegszeiten, die bekanntesten waren Kadienen und Weklitz.

Natangen

Natangen ist eine Landschaft, in der nicht nur Herkus Monte, einer der Führer des Freiheitskampfes, zu Hause war, sondern sie galt in ihrer Vielgestaltigkeit als eine der schönsten und anmutigsten Landschaften des Preußenlandes. Im Westen grenzte sie an Warmien und das nördliche Frische Haff, ohne dieses jemals zu erreichen, schwenkte dann nach Osten den Pregel entlang bis etwa zu der Stelle, wo die Alle in den Pregel mündet. Mit der Alle, die im wesentlichen ihre östliche Grenze gegen das Barterland war, verläuft sie nach Süden bis sie auf die Nordostgrenze Pogesaniens stößt und dann in gerader Richtung westwärts auf die Grenze Warmiens zu. Viele prußische Burgen gab es im Natanger Land: Die bekanntesten waren Solidau, die einem alten Geschlecht gehörte; Honeda, die unweit von Balga lag; die alte Burg Beselede (Beisleiden) lag auf dem Wege nach Bartenstein. Bei der Burg Honeda sammelten sich, wenn sie aufgeboten wurden, die Heerhaufen der Natanger.

Barten

Südöstlich von Natangen lag die Landschaft Barten, die sich nach Osten bis an die Angerapp erstreckte, nach Süden dehnte sie sich bis in die Gegend von Rastenburg, dem späteren Wallfahrtsort Heiligelinde und Rößel aus. Östlich der Stadt Schippenbeil liegen das Dörfchen und Gut Romsdorf; in dem Eichenwald, der sich ostwärts des Gutes erstreckt, soll ein zentrales Heiligtum Romowe gestanden haben. [16)] Östlich von Schippenbeil, wo die Guber in die Alle mündet, lagen zwei Burgen, die zu prußischer Zeit große Bedeutung hatten: Waistotepil und Wallewona. Beides sind prußische Namen und heißen soviel wie Burg oder Wohnung des Herrn. Die Tatsache, daß im Barterland verhältnismäßig viele Burgen lagen, deutet darauf hin,

51

daß die Barter für die damalige Zeit wohlhabende Leute gewesen sind und sich dieses Wohlstandes bewußt waren. In der Nähe lag auch der Ort Rykgarben, was in unsere Sprache übertragen Gebieter- oder Herrenberg bedeutet. Johannes Voigt nimmt an, daß in der Waistotepil der Sitz des Griwe, während Wallewona der Edelsitz des Landesfürsten war. Er erwähnt: daß in der Nähe von Waistotepil die Ortschaft und Gut Prantlak gelegen habe. Er weist auf den Umstand hin, daß der Guber-Fluß die Burg und den Wald umfließt, und daran anschließend befand sich ein Graben, der bei Bedarf durch den Fluß mit Wasser gefüllt werden konnte, und beide, die Burg und den Wald, wie eine Insel umschloß. [17]

In alten Urkunden ist der Name von Schippenbeil „Scheppenbil" und „Scheffenbil" geschrieben, was nahelegt, daß schon in alter Zeit die Schöffen hier Recht gesprochen haben. Gerade hier, bei dem für die Prußen so bedeutenden Ort, soll ihr Kampf gegen die Ordensritter besonders hart geführt worden sein.

Galindien

Südlich des Barterlandes schließt sich die bedeutendste prußische Landschaft an: Galindien, die der Geograph des Altertums Ptolemäus schon erwähnt. Sie war auch eine der ausgedehntesten Landschaften. Das wird dadurch deutlich, daß ihre Südgrenze weit jenseits der späteren Reichsgrenze im Süden Ostpreußens verlief. Im Westen grenzte Galindien an das Land Sassen etwa auf der Linie der Städte Neidenburg und Hohenstein und seine Südgrenze verlief etwa über die späteren Städtchen Mielau, Praßnitz und Radzilowo, von hier schwenkte sie nach Norden, östlich des Spirding-Sees bis in die Gegend von Goldap. Die Natur hatte dieses Land mit Wäldern und fischreichen Seen ausgestattet, so daß seine Bewohner neben den Einkünften, die ihnen das fruchtbare Ackerland bot, auch aus den Erträgen der Jagd und des Fischfangs sorglos lebte. Die vielfachen und reichen Erträgnisse aus der Landwirtschaft, der Jagd und dem Fischfang hatten seine Bewohner sehr beweglich und aufgeschlossen gemacht. Es ist daher anzunehmen, daß diese Landschaft schon von frühen Zeiten an am stärksten bevölkert war. Wahrscheinlich aus diesen Gründen geschah es, daß Galinder am Beginn der Völkerwanderung sich den Goten anschlossen und mit ihnen durch das südliche Europa nach Nordspanien zogen, wo ihre Reiter nachmals das Heer Karls des Großen bedrängten. Von dem im Lande verbleibenden Galindern haben wir nur ungenaue Nachrichten: von einer berühmten Prophetin, die das Land durch ihr weises Wort regierte und von jenem Fürsten Jesugub, der seine Burg mitten in einem See bei Lötzen gehabt haben soll.

Sudauen

Die Westgrenze der Landschaft Sudauen war ungefähr die Ostgrenze Galindiens, im Süden die Seen bei Raigrod, im Osten etwa die Linie zwischen dieser Stadt und den Städten Bakalarzewo und Suwalki, bis in die Rominter Heide und verlief dann entlang der Goldap in Richtung Westen auf das Barterland zu. Auch hier berichtet eine alte Urkunde aus dem Jahre 1326, daß die Bewohner Sudauens neben Ackerbau und Viehzucht den Fischfang und die Jagd betrieben. Im südlichen Teil des Landes machten ausgedehnte Sümpfe den Menschen das Leben schwer; sie boten jedoch auch Schutz gegen Angriffe der Nachbarn aus dem Süden.

Nadrauen

Nördlich der Goldap hatten Sudauen und die Landschaft Nadrauen eine gemeinsame Grenze. Der Pregel mit seinen Quellflüssen Inster, Pissa und Angerapp war etwa die Mittellinie, so daß die Linie zwischen den Städten Georgenburg, Ragnit und Tilsit die ungefähre Nordgrenze bildete, während jenseits der Goldap die Südgrenze verlief, und im Osten dehnten sich die weiten Ebenen Samaitens und Litauens. Im Westen verlief die Grenze entlang der Deime; diese Grenze gilt als gesichert in ihrem Verlauf, während im Osten die Abgrenzung als unsicher gilt. Im Gegensatz zu Sudauen und Galindien fehlen hier die Seen fast völlig; dafür gab es ausgedehnte Waldungen mit einem reichen Wildbestand. Bedeutende Burgen waren Rechau, Wehlau und Caminiswike (ältere Schreibweise) bei Insterburg, die letztere konnte zweihundert Krieger zur Verteidigung aufnehmen. Der Ort Kamswiken, 2 km östlich von Insterburg gelegen, befand sich ziemlich genau an der Stelle, an der die Burg ihre Schutzfunktion für die Landschaft ausgeübt hat.

Samland

Einem Eckpfeiler gleich ragt das Samland in die Ostsee, einer Plattform, die es in sicherem Sprung zu erreichen gilt. Im Norden wird es von der Ostsee umspült, mit früher weltbekannten Seebädern wie Cranz und Rauschen und der Kurischen Nehrung. Im Osten trennt die Deime es von Nadrauen ab und im Süden der Pregel und die Küste des Frischen Haffs, die zu prußischen Zeiten einen anderen Verlauf hatte. Der Pregel mündete weiter westlich ins Frische Haff und die große Bucht, die sich jetzt ostwärts der Linie Fischhausen und Pillau erstreckt, war zur Zeit der Prußen festes Land, das beackert und bewirtschaftet wurde. Ausgedehnte Viehweiden und bestellte Äcker prägten das Landschaftsbild. Im Westen befindet sich die Ostsee-Küste mit ihren Bernsteinstränden bei Palmnicken und Kraxtepellen. Auch hier hat sich das Meer in vielen Sturmfluten weiter Gebiete bemächtigt und so den Menschen den unter vielen Mühen bearbeiteten Boden entrissen. So vielgestaltig seine Grenzen sind, so reich in mannigfacher Beziehung ist das Land: äußerst fruchtbarer Boden, der reiche Ernten gestattet, große Wälder mit einem sagenhaften Wildreichtum; kurzum ein mit vielen Vorzügen gesegnetes Land. So braucht es nicht wunderzunehmen, daß viele Skandinavier auf ihren Raubzügen hier den geeigneten Flecken Land entdeckten, auf dem sie sich niederlassen konnten. Von daher ist es zu verstehen, daß das Samland zu allen Zeiten ein volkreiches Land gewesen ist. So kamen aus Pobethen, das nicht einmal zu den großen Orten gerechnet wurde, allein fünfhundert bewaffnete Krieger. Auf dem höchsten Berg Samlands soll Samo, ein Sohn Waidewuts, eine starke Burg gebaut haben. „Er bawete auff einen mechtigen Sandbergk, der das meiste beschüttet wardt, eine feste, die nannte er Gailtegarwo." Es handelt sich um den höchsten Berg des Samlandes, den 110 m hohen Galtgarben. Es ist möglich, daß hier auf dem höchsten Berg, der einen Blick in die Weite des Samlandes gestattet, das zentrale Heiligtum des Prußenvolkes stand, jene mächtige Eiche mit den Götterbildern: Romowe. Andere bedeutende Burgen waren bei Quedenau, Germau, Rudau, Waldau, Caymen, Powunden und Tapiau gelegen. Viele bekannte prußische Adelsgeschlechter waren auf diesen Burgen zu Hause, und das Land, das ihnen gehörte, war Familieneigentum.

Schalauen

Die nördlichste der prußischen Landschaften ist Schalauen, heute grob bekannt unter dem Namen Memelland. Seine westliche Grenze bildete das Kurische Haff mit der dazugehörigen Nehrung. Im Norden und Osten grenzte sie an Litauen und Samaiten; der genaue Verlauf der Grenze läßt sich nicht eindeutig ermitteln; sie scheint nicht über den Fluß Jura und den nachmaligen Ort Schmalleningken hinausgegangen zu sein. Auch in Schalauen gab es Burgen, von denen aus das Land gegen Überfälle gesichert wurde. Eine lag bei Ragnit, ziemlich genau an der Stelle, wo der Orden später seine Burg errichtete. Eine andere Burg in Schalauen war Sareka, der Wohnsitz des als mächtig bekannten Prußen-Edlen Sarekte, wo aber diese Burg genau lag, ist an den vorliegenden Landesbeschreibungen nicht auszumachen. Als Anführer der Schalauer ist Stenegaude bekannt geworden; er wurde vom Volke bei einer Versammlung, in der über Krieg oder Frieden beraten wurde, gewählt.

Von Göttern, guten und bösen Geistern

Die Prußen glaubten an ein Fortleben nach dem Tode in der Weise, daß man seinen irdischen Status in das künftige Leben mitnähme. Wer auf der Erde reich oder arm, edel oder unedel gewesen sei, der bliebe es auch im Reich der Toten. Der Tod hatte nichts Bedrohliches, er war nur ein Übergang aus dieser Welt in eine andere, in der es sich durchaus leben ließ, wenn man nur etwas in sie hineinnahm, dessen man sich auf der Erde schon erfreut hatte: das Pferd, die Waffen, Jagdhunde, Jagdvögel. Seinen Ursprung hatte diese von Daseinsfreude bestimmte Anschauung in der Sage von Bruteno und Widewud, einem Brüderpaar, das sich in wunderbarer Weise ergänzte.

Von dem bei Balga versammelten Volke war Bruteno zum Oberhaupt an des Volkes Spitze gewählt worden. Bruteno machte jedoch geltend, daß er sein Leben und sein Wirken dem Dienst der Götter geweiht habe, von denen Perkunos, Potrimpos und Pikollos dem Range nach die höchsten waren. Das Volk ließ die Einwände Brutenos gelten und wählte nun Widewud (auch Waidewut), der als ein vor allem tapferer und besonnener Mann galt, zum Oberhaupt. Danach habe Widewud zum Volke gesprochen und gesagt, daß es recht wäre, Bruteno, der wie kein anderer den Willen der Götter kenne zum gemeinsamen Oberherrn zu wählen. So geschah es, und das Volk beschloß weiter, in allen wichtigen Fragen, in denen des Volkes Wohl zur Entscheidung stand zuvor Bruteno um seine Meinung zu fragen und seinen Rat, der von den Göttern komme, zu erbitten. Sie nannten ihn hinfort Griwe-Griwaito, das bedeutet Richter aller Richter. Das Volk gelobte, dem Griwe ebenso gehorsam zu sein wie den Göttern. Der Griwe erließ bei dieser Versammlung auch einige Gesetze, die auf die Regelung des Verhältnisses der Menschen zu den Göttern zielten; er war gleichzeitig oberster Richter und oberster Priester.Er verkündete: Allen, die den Göttern Gehorsam leisteten und sich ihnen in Ehrfurcht anvertrauten, sollte schon in diesem Leben reicher Segen zuteil werden. Wer sich jedoch von den Göttern abwandte, den solle Not und Unglück, Angst und Zweifel treffen, wer die Götter gar schmähen und sie verachten würde, der sollte von den Gläubigen mit Waffen und Feuer verfolgt und ausgerottet werden. Der Griwe befahl nun, in den Stamm einer mächtigen alten Eiche drei Nischen einzuhauen. Jede dieser Nischen sollte dem Bilde eines der drei Hauptgötter als Schrein dienen, in den auch die Opfer und Gaben gelegt wurden. Die Eiche war das Heiligste im Lande, der Hauptsitz der Götter, war: Romowe. Nur dort würden die Opfer den Göttern gefallen. Der Griwe forderte seine Stammensgenossen auf, sie sollten beisammen bleiben, denn die Götter würden sich ihnen in der Nacht offenbaren. In jener Nacht verdunkelte der Himmel sich noch mehr, als es sonst üblich war. Plötzlich umzuckten Blitze die Eiche, und furchterregender Donner erschreckte das Volk, es ahnte die Gegenwart der Götter. In heiligem Erschauern erwartete es den Morgen. Von einem wolkenlosen Himmel strahlte die Sonne und der Griwe richtete erneut das Wort an seine Stammesgenossen. „Ihr habt die Stimme der Götter vernommen, nur hier an diesem Platz sind sie euch nahe. Nur Priester können euch die Nähe und den Willen der Götter verkünden." Kein Ungeweihter durfte sich dem Romowe nahen oder es gar betreten. Nur die Landesfürsten, die Reiks, konnten sich bisweilen des Glückes erfreuen mit dem Griwe zu Romowe persönlich zu reden. Doch die Götterbildnisse in der heiligen Eiche blieben auch ihnen verhüllt; sogar die Eiche war mit hoch hinaufreichenden Tüchern verhängt. Die heilige Eiche war ringsum von

einem meilenweit reichenden Walde umgeben, den kein Fremdling betreten durfte, besonders keine Christen. Wer es dennoch tat und von den Wachen erspäht wurde, mußte mit seinem Blut die Freveltat sühnen. Auffallend ist hier die Ähnlichkeit in der Verehrung des Waldes bei den Prußen mit der germanischen Glaubenshaltung. Wo dieser heilige Ort Romowe lag, weiß heute mit Sicherheit niemand mehr zu sagen. Dusburg vermutet in Nadrauen, des Landes Mitte, sei Romowe zu finden, während Voigt die Mitte des Landes in Natangen, in der Nähe von Schippenbeil zu finden meint; dort lagen die Dörfer Rohmsdorf und Rykgarben. Hartknoch ist der Ansicht, daß es ein zentrales Romowe, ein zentrales Heiligtum, in der Nähe von Heiligenbeil gegeben habe, weil nämlich Anselmus, der erste Bischof des Ermlandes, jene gewaltige Eiche in seinem missionarischen Eifer dort zerstört habe. Wahrscheinlich unterlag er dem Irrtum, diese dem Curcho geweihte Eiche sei die Romowe-Eiche gewesen. Andere wieder suchen Romowe im Dörfchen Rom in Galindien. Ortsnamen mit der Stammsilbe von Romowe sind in Rombitten bei Saalfeld, Romitten nördl. Pr.-Eylau, Romahnen bei Ortelsburg, Roman bei Tapiau, Rominten und noch vielerorts zu finden. In einem sind sich die Vertreter dieser Ortsnamen einig: es gab nur _ein_ Romowe. Doch die große Zahl der Orte, die die Silbe „Rom" als Hauptbestandteil haben, legt die Annahme nahe, daß die Gaue alle ein eigenes, kleineres Romowe hatten.
Als oberste Instanz in Sachen Religion galt den Prußen der Griwe, manche nennen ihn auch „Kriwe". Nach Peter von Dusburg hatte er drei besonders wichtige Amtsfunktion zu erfüllen:
1. Das ewige Feuer in Romowe zu unterhalten.
2. Nach einem Sieg über die Feinde den Göttern ein großes Dank- und Brandopfer zu bringen. Dazu mußte ihm der dritte Teil der Beute übergeben werden.

3. Er mußte den Hinterbliebenen eines Verstorbenen bezeugen, wenn er darum befragt wurde, den Toten in der Stunde des Todes bei der Wohnung der Götter gesehen zu haben.

Die Sage von Widewud und dem Griwe Bruteno berichtet, daß einige Zeit nach dem Siege über Andislaus, dem Fürsten der Masowier, sich Eifersucht und Streit unter den Söhnen Widewuds erhoben hätte, zu einem Zeitpunkt, als der Griwe bereits 132 Jahre und Widewud 116 Jahre alt geworden waren. Um diesen Streit zu beenden und weiterem Schaden vorzubeugen, berief das Brüderpaar die Söhne Widewuds und die Edelleute des Volkes zu einer Versammlung an der heiligen Eiche von Romowe. Der Griwe Bruteno trat vor die Versammlung und berichtete, wie das Volk ins Land gekommen, wie es sich mit den Ureinwohnern vermischt und so ein neues Volk entstanden sei, und wie das Volk in Gefahr und Not einig gewesen sei, und von seiner und Widewuds Berufung zur Führung des Volkes. Unter Hinweis auf den entstandenen Unfrieden verkündete der Griwe, daß er nun den Willen der Götter befragen wolle, wie der entstandene Unfriede beendet und der Friede im ganzen Volke wieder hergestellt werden könne. Den Göttern wurde sodann ein stattlicher Bock geopfert, und der Tag endete mit einem Versöhnungs- und Freudenmahl. Am nächsten Morgen traten der Griwe Bruteno und Widewud erneut vor die heilige Eiche und verkündeten dem Volke: der Götter Wille sei es, daß das ganze Land unter die 12 Söhne Widewuds zu teilen sei. Alle in diesem Lande wohnenden Edelleute und Freien hätten ihrem neuen Herrn gehorsam zu sein und ihm in Treue zu dienen. Hierauf rief der Griwe zuerst Litwo und danach die anderen Söhne Widewuds vor die Eiche und ließ sie Treue und Ehrfurcht vor den Göttern geloben und befahl ihnen, dem Griwe gehorsam zu sein. Sodann wurde Litwo in Litauen als Fürst eigesetzt, Samo in Samland, Sudo in Sudauen, Nadro in Nadrauen, Schalauo in Schalauen, Natango in Natangen, Galindo in Galindien, Warmo wurde Fürst von Warmien, dieser starb aber sehr bald und hinterließ seiner Frau Erma das Land, das dann nach ihr Ermland benannt wurde. Hoggo erhielt die Herrschaft über Hockerland, er hatte drei Töchter, Mita, Cadina und Pogezana. Diese letztere wurde eine im ganzen Volke hochgeachtete Priesterin, weshalb ihr Name in Pogesanien fortlebt. Pomezo erhielt Pomesanien und Chulmo das Kulmer Land. Auf diese Weise wurde das ganze Land geteilt; aber Widewud blieb noch einige Zeit der oberste Machthaber und Gebieter des Volkes. Dann aber beschloß er zusammen mit seinem Bruder, dem Griwe, sich selbst im Sinne der gegebenen Gesetze zu opfern, und sie beriefen erneut das Volk zu einer Versammlung vor das Heiligtum Romowe. Als alle erschienen und vollzählig versammelt waren, traten der Griwe in einem festlichen Gewande, das nicht identisch mit seinem Priestergewand war, und Widewud im Schmucke seiner königlichen Abzeichen vor das Volk und verkündeten ihm, daß die Götter sie zu einem Freudenfest im jenseitigen Leben eingeladen hätten. Die Söhne und Edelleute des Volkes möchten nach ihrem Abscheiden einen neuen König erwählen und die Priester aus ihrer Mitte einen neuen Griwe ernennen. Diesem sollten der neue König und das Volk ebenso gehorsam sein wie den Göttern selbst. Frieden und Eintracht sollten oberstes Gesetz im Volke sein, denn nur, wo sie uneingeschränkt herrschten, könne der Segen der Götter einziehen. Nach dieser Verkündigung umarmte sich das greise Brüderpaar, und sie bestiegen, sich an den Händen haltend, den Scheiterhaufen, der von den Priestern angezündet wurde. Noch während die Flammen emporloderten, entlud sich der Himmel unter gewaltigem Donnern und

Blitzen in einem Ungewitter. Danach verbrannten die beiden Größten des Volkes zu einem Häuflein Asche.

Als danach die Söhne und Edlen des Volkes zur Königswahl zusammentraten, konnten sie sich nicht einigen, weil Eifersucht und Zwietracht aufkamen. Auch unter den Priestern erhob sich Streit bei der Wahl eines neuen Griwe. Diese schlimme Entwicklung wurde durch ein folgenschweres Ereignis auf den Höhepunkt gebracht. Weil Litwo nicht die Wahl seines Schwagers zum Oberpriester durchsetzten konnte, entzweite er sich mit seinem Bruder Nadro, und seine Knechte überfielen den unbewaffneten Nadro. Dieser konnte sich zunächst dadurch retten, daß er sich auf sein Pferd schwang und sich mit ihm in den Strom stürzte, um das jenseitige Ufer zu erreichen. Aber Nadro und sein Pferd wurden von der Strömung erfaßt; diese riß ihn fort und Nadro ertrank. Litwo wurde danach aus der Gemeinschaft der übrigen Brüder verbannt und für immer vom Dienst an der heiligen Eiche in Romowe ausgeschlossen. In seinem Lande gründete er ein neues „Romowe", einen neuen Verehrungsort der Götter, der aber nur begrenzte Bedeutung erlangte. Nach wie vor kamen die Anbeter von Perkunos, Pikollos und Potrimpos aus Livland, Kurland und Samaiten zum „alten Romowe", um den Glaubensvorschriften Folge zu leisten.

Lukas David übernahm die Sage von Widewud und seinem Bruder Bruteno aus der alten Chronik des Bischofs Christian, aus der sie auch Simon Grunau weitergab. Sie ist keine spezifisch prußische Sage. Ihr faktischer Kern soll sich zugetragen haben, als zu dem Völkergemisch der Ulmerugier, deren wesentlicher Bestandteil die Prußen waren, sich Goten aus Skandinavien an der unteren Weichsel niederließen. Wahrscheinlich in dieser Zeit, etwa um 450 bis 650, in der zwischen unterer Weichsel und Memel die Verschmelzung verwandter Völker geschah und gegen deren Ende sich erste Grenzübergriffe der von Süden andrängenden Masowier ereigneten, ist die Sage von Widewud und Bruteno entstanden. Prußisch aber ist die Vielzahl der Naturgötter, die die Prußen verehrten. Die Hauptgötter deckten die bedeutendsten Lebensbereiche ab: das Leben allgemein, die Daseinsfreude, die Bereiche des Bösen und des Guten, sowie des Todes.

Perkunos war der Gott des Donners, er wohnte in der Eiche zu Romowe, die sommers wie winters grünte. Im ganzen Volke wurde er hoch verehrt. Aber wenn er sich im Gewitter vernehmen ließ, fielen alle auf die Erde nieder und riefen voller Furcht: „Diewas Perkunos abgehle nus!" d.h. "Gott Perkunos, erbarme dich unser"! Perkunos redete auch mit dem Griwe unter Donnern und verkündete dieser Gutes, so waren alle froh und veranstalteten heitere Festgelage. Dem Gotte wurden Opfer gebracht, dazu dienten nicht nur Herdentiere sondern gelegentlich wurden auch Gefangene für das Opfer ausgewählt.

Wer vom Blitzstrahl während eines Gewitters getroffen wurde, den priesen alle glücklich, war er doch vom Gotte persönlich zu sich geholt und in seine Gemeinschaft aufgenommen.

Perkunos war der Gott des Sonnenscheins, wie auch des Regens und des Windes, der Gott des wärmenden Feuers, der Gott, der Gesundheit verleiht und bei Krankheiten hilft. Er erinnert an den Gott Thor bei den Germanen.

Potrimpos war der Gott der ewigen Jugend; er verkörperte die Sehnsucht nach der Daseinsfreude und der Lebenslust. Die Schlange war ein ihm geheiligtes Tier; sie wurde, wenn man ihr Versteck kannte, mit Milch ernährt und unter Getreideähren verborgen gehalten. Man stellte sich Potrimpos als blühenden Jüngling mit einem Kranz aus Getreideähren vor. Er war der Gott des Ackerbaues und der reifenden Saaten, aber auch der Gott der Gewässer und des Lebens in ihnen. Getreidegarben wurden ihm geopfert; aber auch an Menschenopfern soll er Gefallen gefunden haben; hierbei soll es sich vor allem um im Kampfe Gefangengenommene gehandelt haben.

Völlig anders war Pikollos, er verkörperte das Prinzip des Verderbens und des Todes. Sein Bild in Romowe soll die Gestalt eines Greises mit grauem Barte gehabt haben. Die bleiche Hautfarbe machte die Vergänglichkeit und die Begrenztheit des Lebens deutlich. Sein Haupt war mit einem weißen Tuch umwunden. Wie Potrimpos von allen geliebt, so wurde Pikollos von allen gefürchtet. Wer die Gebote des Griwe nicht achtete, an dem übte Pikollos harte Strafen, die bis zum Menschenopfer gehen konnten; auf jeden Fall mußte er das ihm Teuerste hergeben. Opfertiere waren Rinder, Schweine und Böcke, deren Blut am Stamm der heiligen Eiche vergossen wurde, weshalb diese immer grünte.

Neben diesen drei Hauptgöttern erfreute sich Kurcho, oder auch Curche genannt, großer allgemeiner Verehrung. obwohl sein Bild nicht in der Eiche zu Romowe ausgestellt war. Als „Curche" kommt sein Name in der Vertragsurkunde von 1249 vor, das deutet darauf hin, daß der Orden eine allgemeine und verbreitete Verehrung dieses Gottes festgestellt hatte. Curcho war der freundliche Spender der Nahrung, der Speisen und Getränke. Die ihm geweihten Opfersteine waren im ganzen Land zu finden. Opfergaben für ihn konnten sein: die ersten Früchte, Fische, Mehl, Honig und alle Festspeisen. Der Grad seiner Beliebtheit deutet darauf hin, daß er in der Bedeutung durchaus mit den drei anderen Hauptgöttern mithalten konnte. Dem Curcho geweihte Opfersteine gab es im ganzen Land: so bei Hohenstein (Kurchenfeld), bei Gumbinnen (Kurpchen), unter ähnlich klingenden Namen bei Nordenburg, bei Johannisburg, bei Kreuzburg,

Christburg, bei Soldau und im Samlande. Sein Heiligtum war eine mächtige Eiche bei Heiligenbeil, sie stand nicht in Romowe.

Neben diesen vier Hauptgöttern, verehrten die Prußen eine Fülle von im Range nachgestellten göttlichen Wesen, die ihren imaginären Wirkungsbereich in allen Lebensgebieten hatten. Der prußische Naturglaube kennt eine Vielzahl von niederen göttlichen Wesen, Göttern und Göttinen des Waldes und des Viehs. Okopirn war im Wind gegenwärtig, Swaixtigr verlieh den Sternen ihren Glanz und ihre Leuchtkraft. Bangputtis bewegte die Wellen des Meeres und der Seen. Die Herden und das Geflügel hatten ihren besonderen Schutzgott, Gardetis, während für den Fischfang und den Handel Perdoitos zuständig war. Puskaitis war der Waldgott, ihm war der Holunderstrauch geheiligt, während Pergubrius für das Wachstum und Gedeihen der Feldfrüchte sorgte. Kranken und Gebrechlichen wurde von Auschweitis geholfen. Für das Aufkeimen der Saat sorgte die freundliche Jawinne, während Melletele den Saaten und den Gärten die frische grüne Farbe verlieh. Srutis zauberte an Blumen und Blüten die Farben hervor, während die Guze den Wanderer freundlich geleitete. Junge Frauen, vor allem die Frischvermählten, verehrten Laima, die bei der Geburt der Kinder half und das Schicksal der Neugeborenen bestimmte.

Da das Leben nicht eitel Sonnenschein war, gab es auch göttliche Wesen, die Angst und Schrecken unter die Menschen brachten. So brachte Giltine den qual- und schmerzvollen Tod, und die Laume entführte gern die kleinen Kinder und neckte die Menschen mit allerlei Mißhelligkeiten. Den Göttern standen noch dienstbare Geister zu Seite; so dem Puskaitis die Barstucken, die Waldmännlein, oder die Markopeten, Schutzgeister, die sich des Nachts ihre Speise suchten und den Menschen in Haus und Scheune halfen: die naturverbundene und kindhafte Phantasie des Volkes dichtete diesen halbgöttlichen Wesen die wundersamsten Kräfte an.

Für den Dienst und die Verehrung einer solchen Vielzahl von Haupt- und Nebengöttern und Geistern mit überirdischen Kräften war das Vorhandensein einer zahlreichen, hierachisch gegliederten Priesterschaft notwendig. An der Spitze der Priesterschaft, deren Autorität nie in Frage gestellt wurde, stand der oberste Priester, der zugleich oberster Richter war, der Griwe. Der Befehl des Griwe wurde als der Wille der Götter betrachtet, Zweifel daran waren nicht gestattet. Letztlich stand der Griwe in seiner Machtfülle über dem Landesfürsten.

Furcht, angedrohter Schrecken und geforderter blinder Gehorsam, Demütigung und Einschüchterung des Gemütes sind die Elemente mit deren Hilfe eine gegliederte Priesterschaft ihre Macht erhält. Trost, Freude und zukunftsfrohe Verheißungen bei Gutgläubigkeit sind das Zuckerbrot für die Seele. Solchermaßen gestaltete Priesterschaft lebt von dem Mangel an Bildung, von dem gering entwickelten Einsichtsvermögen und dem Mangel an Kritikfähigkeit des Volkes. Tritt hier ein Wandel ein, so wird auch die Herrschaft der Priester und ihres Oberen ausgehöhlt.

Nie sah man den Griwe in der Öffentlichkeit wandeln. Er sprach, wenn er dem Volke eine Botschaft oder ein Gebot übermitteln wollte, durch den Mund seiner Beauftragten. Er sandte seine Boten aus, die das Zeichen seiner Vollmacht mit sich tragen: die Griwule.

Sein Wille war dem Volke Befehl, weil dieser von den Göttern kam. Die Priester erwählten ihn zwar aus ihrer Mitte, jedoch auf der Götter Geheiß, und die Wahl galt auf Lebenszeit. Er konnte zwar von seinem Amte zurücktreten, das geschah aber nur, wenn hohes Alter ihn sehr gebrechlich gemacht oder der Griwe zur Versöhnung der Götter den Feuertod auf einem Scheiterhaufen gewählt hatte.

Dem Griwe nachgeordnet war eine zahlreiche Priesterschaft, unterschiedlich in ihrer Bedeutung und ihrem Rang. Die dem Griwe am nächsten standen, lebten selber in Romowe, galten als besonders klug und weise und berieten den Griwe in wichtigen Fragen, man nannte sie darum Griwaiten. Ihre Zahl dürfte nicht größer gewesen sein als zwölf. Sie waren die obersten Waidelotten, was „wissende Männer" bedeutet (pr.waiditi - ihr wißt), und wählten den Griwe aus ihrer Mitte. Ohne ihre Beratung wurde nichts Wesentliches beschlossen, und ebenso wie der Griwe blieben sie ehelos. Wahrscheinlich gelangten sie in ihre hohen Ämter, nachdem sie sich in unteren Priesterklassen herausragend bewährt hatten.

Ihnen im Range nach standen die Siggonen, sie sprachen den Segen über das Volk. Ein Priester aus der Reihe der Siggonen soll in einem Walde des Samlands den heiligen Adalbert erschlagen haben. Die Ligaschonen oder Tullissonen übten das Amt der Kranken- und Leichenpriester aus, die Swalgonen waren die Hochzeitspriester, die Brautleute zur Ehe einsegneten. Die Pustonen heilten Wunden durch Anhauchen, und die Swakonen sagten die Zukunft vorher aus dem Rauch und der Flamme. Es gab bei den Prußen auch Priesterinnen, die in hohem Ansehen standen, nicht nur weil sie weissagten, sondern sich vor allem auf die Kunst der Krankenheilung verstanden. Ihr Wissen und ihr Können wurde in manchen Dörfern bis in unsere Zeit von Generation zu Generation weitergegeben.

Die Sage berichtet von Pogezana, einer Priesterin nach der der Gau Pogesanien genannt wurde; und Dusburg erzählt von einer Priesterin in Galindien, die einst grausame Rache am Geschlecht der Männer übte, weil diese die Geburt nur einer Tochter zuließen. Möglicherweise ist hier die Ursache für das Gerücht zu suchen, das später Papst Honorius III. dazu verführte, einen Kreuzug ins Prußenland in Gang zu setzen, wie schon weiter vorn erwähnt. Die Verehrung der Göttinen und ihr Dienst erforderten das Vorhandensein von Priesterinnen. Wer von dem Griwe zum Priester oder zur Priesterin ernannt oder erwählt war, hatte nicht nur im Rufe zu stehen ein sittenreines Leben zu führen, sondern hatte auch Vorbild zu sein in der Gemeinschaft. Der Dienst erstreckte sich auf das Darbringen der Opfer, den Empfang der Weihegeschenke, in der Aufsicht über die heiligen Orte, der Erforschung der Zukunft durch Weissagung und Wahrsagung, der Belehrung des einfachen Volkes und der Leitung der religiösen Feste im Frühling, zum Beginn der Ernte und zum Erntedank. Stets feierten die Bewohner des Dorfes diese Feste mit einigen Fässern voll berauschenden „Poßkailes", und dabei ging es heiter und fröhlich zu. Nachdem ein Priester ein Lobgebet an den jeweiligen Gott, z.B. an den Gott der Feldfrüchte Pergubrius gesprochen hatte, nahm er eine Schale gefüllt mit Bier an den Mund, hielt sie mit den Zähnen und trank sie aus, indem er allmählich den Kopf nach hinten beugte. War sie leer geworden, warf er sie, ohne sie mit den Händen zu berühren, rückwärts über den Kopf. Einer fing sie auf. Dann wurde diese Zeremonie nacheinander zu Ehren anderer Götter durchgeführt und auf die gleiche Weise die Schale geleert. Danach ging sie im Kreise der Anwesenden um, ohne daß sie von einer Hand beim Trinken berührt wurde. Mit Trinken, Schmausen, Gesang und Freudenjubel wurde das Fest zum Ende gebracht, und der Feste waren nicht wenige im Jahreslauf.

So stand ein fröhliches Fest am Beginn der Ernte und das Fest mit besonderen Dank für die Götter, wenn die Ernte eingebracht war. Kam es vor, daß die Ernte einmal nicht so reichhaltig oder gar eine Mißernte war, so nahm man dieses Ereignis als Strafe der Götter für

Vergehungen hin. In der Einsicht, daß man nicht in allen Dingen die Gebote der Götter beachtet hatte, gelobte man Besserung unter Darbringung von Weihegeschenken an die Götter und feierte dieses mit einem festlichen Mahl und einem Fest mit frohem Jubel. Die Priester waren bei solchen Festen anwesend und nahmen die Weihegeschenke entgegen.

Bewaffnung der Prußen und ihr Verhalten im Kriege

Peter von Dusburg beziffert die Streitmacht des volkreichen Samlandes auf 4.000 Reiter und 40.000 Fußkämpfer, wobei aus einem einzigen Dorf des Gebietes von Pobethen 500 streitbare Männer gekommen seien. Die Zahl der Krieger im ganzen Land der Prußen gibt er mit rund 350.000 an. Kotzebue, der diese Zahlen auch nennt, hat sie offensichtlich von Dusburg übernommen. Das wäre eine stattliche Zahl von Kämpfern, aber wir tun gut daran, zu berücksichtigen, daß Dusburg aus naheliegenden Gründen die Zahlen der Prußen stark überhöht hat; und eben aus diesen Gründen sollten wir sie kräftig nach unten abrunden. Es gibt in der Geschichte der Prußen kein Beispiel dafür, daß diese beachtliche Streitmacht jemals als Verteidigungsheer oder gar als Eroberer fremden Landes in Erscheinung getreten wäre. Die Logistik, also Nachschub und Versorgung, für ein solch großes Heer hätte die kriegsungewohnten Prußen vor unlösbare Aufgaben gestellt.

Die Kriegsmacht der Prußen bestand aus Reiterei und Fußvolk aus jedem Stamme. Die Reiterei wurde zu schnellen Streifzügen, zu plötzlichen Überfällen, bei Scheinangriffen und zur Plünderung im Verlauf von Vergeltungs- und Rachezügen eingesetzt. Als Hauptwaffe waren schon bei den Aestiern Keulen bekannt: eine lange Streitkeule, die um den Kopf oder senkrecht und wagerecht geschwungen wurde, und 6-8 kleinere Wurfkeulen, die hinter einem Gürtel um den Leib steckten. Wenn sich Gelegenheit bot, wurden die Wurfkeulen auf dem Kampffeld wieder aufgelesen. Die Streitkeule war häufig ausgehölt und mit Blei ausgegossen. Stetiges Üben mit den Wurfkeulen machte die prußischen Kämpfer sehr treffsicher. Knaben und Jünglinge übten das Zielwerfen mit Keulen in spielerischem Wettkampf. Seit der Bekanntschaft mit den Goten, Gepiden, Rugiern und Vandalen war auch das Schwert als Kampfmittel in Gebrauch gekommen; allerdings trugen nur wenige Männer Schwerter, denn Schwerter, die aus Stahl geschmiedet werden, waren nach Auffassung der Prußen im Tauschhandel sehr teuer. Die Prußen begnügten sich in der überwiegenden Mehrzahl mit der gewohnten Schlagkeule. Zu dieser Genügsamkeit mögen folgende Gesichtspunkte bei der persönlichen Bewaffnung sie geführt haben. Die durch den Einsatz des Schwertes als Hauptkampfmittel drohenden unmittelbaren Folgen sind entweder endgültig oder sie verursachen eine lange Zeit der Wiederherstellung der körperlichen Gesundheit oder waren mit peinigendem Siechtum verbunden. Der Verlust eines Armes oder anderer Gliedmaßen oder gar der Stoß ins Herz mit Todesfolge sind endgültig und nicht mehr reparabel. Der Schlag mit der Keule hingegen ist im Augenblick sehr schmerzhaft und führt eine Beeinträchtigung der Kampffähigkeit beim Gegner herbei, doch hat er nicht solch schwerwiegende Folgen wie die Verletzung durch das Schwert. Der Keulenschlag hat einen Bluterguß, einen Schädelbruch, einen Bruch des Armes beim Gegner als Folge. Es genügte eben, den Gegner im Augenblick baldmöglich kampfunfähig zu machen und ernstere Verletzungen zu vermeiden. Daß die Prußen das weniger optimale Kampfmittel wählten, mag ein Beweis dafür sein, daß man nach der Kampfauseinandersetzung baldmöglich zum Frieden zurückkehren wollte. In der Ausrüstung mit Schlag- und Wurfkeulen bei den Prußen Primitivität in der Waffenherstellung und der Anwendung der Waffen feststellen zu wollen ist absurd. Als Angehörige eines wohlhabenden Bauernvolkes hätten sie sich den Kauf eines Schwertes sehr wohl leisten können. Sie wollten diese Handlungsweise nicht, und der Grund dafür lag in ihrer Friedensliebe, die in Jahrhunderten gewachsen war. Man konnte sich in der freien Natur jederzeit eine Keule für den Bedarf schneiden ohne dafür etwas zu bezahlen oder einzutauschen. Ein radikal wirksameres Kampfmittel wie das Schwert an Stelle der Keule konnte sich bei den Prußen erst spät durchsetzen, als die Unabhängigkeitskämpfe mit dem Deutschen Orden in das entscheidende Stadium gelangten.

Die Abbildungen auf dem in Bronze gegossenen Portal des Domes zu Gnesen vermitteln dem Betrachter ein unrichtiges Bild von der Bewaffnung der Prußen. Mit Schwert und Schild und Speer und Helmen bewaffnete prußische Krieger machen einen bedrohlichen Eindruck auf den Betrachter. Die Ereignisse, die hier dargestellt werden, haben sich zweihundert Jahre zuvor zugetragen, als Adalbert von Prag und Bruno von Querfurt um die Jahrtausendwende ihre Missionsreisen in das Land der Prußen durchführten. So lückenlos bewaffnet waren die Prußen zu damaliger Zeit nicht. Neben Schwerter tragenden Männern gab es auch schlichte Keulenträger. Ob Schwert, ob Keule – das war eine Frage, die von jedem einzelnen prußischen Mann entschieden wurde. Ganz sicher hat die angeborene Friedensliebe der Prußen dabei die entscheidende Rolle gespielt. – Die Armbrust haben die Prußen erst in den Kämpfen mit dem Ritterorden kennengelernt, während der Wurfspeer bei der Jagd und im Kampf Verwendung fand.

In Zeiten kriegerischer Auseinandersetzung trat ein „Reiks" an die Spitze des Kriegsheeres. In eine solche Aufgabe berufen, übte er unumschränkte Gewalt aus. Es ist kein Beispiel bekannt, daß ein Griwe die Macht des Anführers zu beschränken versucht hat. An der Spitze der Untergliederungen eines Heeres standen als tapfer und entschlossen bekannte Edelleute aus dem Stande der Vornehmen. Manchmal taten sich auch mehrere Edelleute mit ihren Scharen wehrfähiger Männer zusammen, um kleinere Feindesgruppen zu bekämpfen und zu vertreiben, oder sie fielen selber in feindliche benachbarte Gebiete ein, um Geraubtes zurückzuholen oder Rache zu üben.

Eine bestimmte Kriegskunst wurde von ihnen nicht ausgeübt. Wohl aber galten die Kampfestugenden Kühnheit Tapferkeit, List, Verschlagenheit und Ausdauer sowohl bei den Führern als auch den Geführten sehr viel. Die Naturgaben der Kraft, Behendigkeit und Ausdauer bestimmten die Handhabung der Waffen. Jeder Wehrfähige, ob Jüngling oder Mann, hatte dem Aufruf des Fürsten im Kriegsfalle zu folgen.

In der Verteidigung ihrer Burgen waren sie erfinderisch, beharrlich und umsichtig, das galt auch schon für die Anlage ihrer Burgen. Diese waren meist von Wällen, Palisaden und Gräben umschlossen. Eine Burg ohne das Vorhandensein von Wasser, sowohl als umgebendes Hindernis oder als tiefer ergiebiger Brunnen, gab es nicht.

Die Belagerung einer Burg wurde nur mit starker Kriegsmacht durchgeführt, so daß die Besatzung durch ständige Angriffe in Atem gehalten und so eher wankelmütig wurde. Gefangene Fürsten oder Anführer der Gegner wurden in besonderen Fällen den Göttern geopfert; gewöhnliche Gefangene wurden der damaligen Zeit entsprechend grausam behandelt und mußten schwere Arbeiten verrichten. In der Behandlung der Gefangenen waren die Prußen nicht grausamer, als das damals auch bei anderen Völkern üblich war; anderslautende Berichte, etwa bei Peter von Dusburg, waren dazu bestimmt, das Verhalten des Ordens zu entschuldigen und als gerechtfertigt erscheinen zu lassen.

Eines Volkes Gang durch die Geschichte

9.1. Von der Vorzeit bis zum Auftauchen der Weißmäntel

Seit etwa 1000 v. Chr. war das Gebiet südlich der beiden Haffs bis weit über die neuzeitlichen Grenzen im Süden Ostpreußens hinaus, von ein und demselben Volk bewohnt, das Tacitus die Aestier nennt und das identisch ist mit dem später so genannten Volk der Prußen. Bewiesen wird das durch eine Vielzahl archäologischer Funde, von Gerätschaften, Werkzeugen Schmuck und Waffen, die dem samländisch-natangischen Kulturkreis angehören.

Im ersten Jahrhundert vor unserer Zeitrechnung werden die Aestier im Gebiet der unteren Weichsel von Goten, die aus Schweden kamen, nach Osten gedrängt. In zeitlicher Aufeinanderfolge rücken Wandalen, Gepiden und Burgunder in dieses Gebiet und verlassen es auch wieder, indem sie nach Süden abziehen. Dieser Vorgang ist ein Teil der Völkerwanderung und dauerte etwa 400-500 Jahre. Selbstverständlich fand in dieser Zeit auch ein kultureller Austausch statt, vor allem war der gotische Einfluß prägend bei den Prußen. Nach dieser Berührung mit germanischen Völkern, die nicht von gewaltsamen Auseinandersetzungen begleitet, sondern von kulturellem Austausch getragen war, kann man feststellen, daß die Prußen bei der Bestattung ihrer Toten von der Brandbestattung zur Körperbestattung übergingen. Natürlich sind unter dem Druck der ständigen Zuwanderung germanischer Völker die Prußen mit ihrem rein prußischen Siedlungsgebiet etwas nach Osten bis in die Gegend des Oberlandes westlich Allenstein ausgewichen. Nach dem Abzug der germanischen Völkerschaften nahmen sie ihre alten Sied-

lungsgebiete, die sich im Kulmer Land bis an die Weichsel ausdehnten, wieder ein. Man arrangierte sich, keine der vorhandenen Quellen berichtet in diesem Zusammenhang von Gewaltanwendung.
War die Zeit der Völkerwanderung bei den Völkern, die von ihr erfaßt wurden, eine Zeit des Wanderns nach immer neuen Zielen, der aufregenden Ereignisse und der geistigen Einflüsse, so wurden die Prußen davon nur am Rande berührt oder doch nur wenig erfaßt; das Geschehen verlief für sie völlig undramatisch. Wahrscheinlich sind Teile der Galinder mit den Goten aufgebrochen, als diese weiterzogen und haben deren Schicksale geteilt. In der deutschen Fassung des Rolandsliedes werden die „Pruzzi" unter den Gegnern Karls d. Gr. genannt und ausdrücklich wird ihnen bescheinigt, daß sie „küene zu Rossen" gewesen seien. Man nimmt an, daß die mit den Goten reisenden Galinder im äußersten Nord-Westen Spaniens angesiedelt wurden. Galindische Reiter standen offenbar in den Heerscharen des Kalifen von Cordoba, als dieser 778 Roland und die Nachhut des karolingischen Heeres bedrängte und ihm eine Niederlage beibrachte.
Cassiodor, der gelehrte Kanzler des Gotenkönigs Theoderich des Großen, dem Beherrscher des weströmischen Reiches, hat eine Geschichte der Goten geschrieben, die aber „im Original verschollen" ist. Jedoch Jordanes, ein gotischer Geschichtsschreiber, der etwas später lebte, hat sie gekannt und auf ihr fußend hat er seine Gotengeschichte „De origine actibusque Getarum" 551 n. Chr. geschrieben. In ihr finden wir den Wortlaut eines Briefes Theoderichs an die Prußen. Er gab ihn einer prußischen Gesandtschaft mit auf den Heimweg, als diese ihn in Ravenna besuchte. Der Brief lautet in der Übersetzung:
„Da eure Gesandten immer wieder hierher kommen, haben wir euer Verlangen erkannt uns näher kennenzulernen. Obwohl ihr an den Küsten des Ozeans

wohnt, wollt ihr doch in der Gesinnung mit uns verbunden sein. Das scheint in hohem Maße eine uns angenehme und willkommene Bitte zu sein. Bis zu euch ist unser Ruhm gedrungen, was wir doch nicht befehlen konnten. Liebet nun mich, den euch nunmehr Bekannten, den ihr aufgesucht habt, als ich euch noch unbekannt war, denn durch viele Völkerschaften hindurch eine solche Reise zu wagen setzt euern dringenden Wunsch voraus. So entbieten wir euch freundliche Grüße und tun euch kund zu wissen, daß wir eure Ehrengabe aus Bernstein, die uns von den Überbringern eures Schreibens überreicht wurden, mit herzlichen Dank angenommen haben. Die Gezeitenströmung des Ozeans, das besagt auch der Bericht eurer Boten, spült diese leichte Substanz an euer Ufer. Aber woher sie kommt, sei euch unbekannt, erklären sie, denn vor allen Menschen seid ihr es, die diese Gabe bergen können. Nach einem gewissen Schriftsteller Cornelius (Tacitus) fließt er auf den Inseln des Ozeans als Saft aus einem Baum, darum heißt er auch Bernstein und wird unter dem Einfluß der Sommerwärme hart. Der durchsichtige zarte Stoff wird nämlich zu einem harzhaltigen Mineral mal in gelblichroter Farbe, mal wie helles Feuer glänzend. So wird es dann, wenn es im Wechselspiel der Wellen in immer flacheres Wasser kommt, gereinigt und an eurer Küste angespült. Dies, so glaubten wir erwähnen zu müssen, damit ihr keinesfalls annehmt, es sei uns unbekannt, was ihr glaubt als Geheimnis zu besitzen. Besucht uns auch künftig auf den Wegen, die Euch eure Zuneigung zu uns gewiesen hat. Es ist immer von Nutzen die Freundschaft mächtiger Könige zu erwerben, denn diese, oft schon mit geringer Gabe zu milder Gunst gewonnen, sind immer auf einen bedeutenden Ausgleich bedacht! Manches haben wir euren Boten noch mündlich aufgetragen, wir haben Euch durch sie etwas zugedacht, was Euch sehr willkommen sein wird." [17)]

Es mag wohl das Erinnern an das friedliche Volk an der Ostsee nachgewirkt haben, als Theoderich die Boten der Prußen empfing und freundlich aufnahm. Wahrscheinlich ist dem großen Ostgotenkönig auch bewußt geblieben, daß schon sein Vorfahr Ermanerich ein gutes Verhältnis mit den Aestiern hatte, wie die Prußen außerhalb ihrer Welt damals noch genannt wurden, denn die Nachbarschaft mit den Aestiern hatte einige Jahrhunderte gedauert. Möglicherweise ist auch der Ruhm, den der Ostgotenkönig gewann, als er das Erbe des Römerreiches in Italien antrat und den dort lebenden Völkern eine lange Zeit friedlichen Miteinanders gewährte, zu den Aestiern gedrungen. Wir können das nicht mit letzter Gewißheit sagen. Wir wissen nicht einmal, woraus das Gegengeschenk Theoderichs bestand; vielleicht war es der reiche Schatz an römischen Goldmünzen mit den Bildnissen verschiedener Kaiser, der im vorigen Jahrhundert bei Klein-Tromp in der Nähe von Braunsberg gefunden wurde. Sicher hat es ihm wohlgetan, daß ein Volk aus einem Land weit am Rande des eben vergangenen Römerreiches ihm durch die Entsendung von Boten und eines Geschenkes Ehren erwies. Dieser von der Geschichte vermerkte Besuch einer Aestier-Gesandschaft am Hofe des Gotenkönigs wirft auch ein Licht auf das Volk, das diese Boten entsendet. Über zweitausend Kilometer hinweg ziehen sie durch fremde Völker hindurch, um einen ihnen selber unbekannten König aufzusuchen, der ein Nachfahre des Ermanerich war, des Gotenkönigs, mit dem sie in friedlicher und auf Austausch gerichteter Nachbarschaft gelebt hatten. Das war ihnen im Gedächtnis geblieben. Dieses Ereignis ist umso bemerkenswerter, als in jener Zeit die Gewalt der Waffen das gängigste Mittel in der Auseinandersetzung unter Völkern war. Menschen, mit denen man lange in friedlicher Nachbarschaft gewohnt hat, empfängt man gern, wenn sie zu Besuch kommen. Das bestätigt Jordanes ausdrücklich und nennt die Prußen ein friedfertiges Volk: „Pacatum hominum, genus omnino" - „im allgemeinen ein friedlicher Menschenschlag."[18]

Eine andere Stelle im Antwortbrief des Theoderich ist noch sehr interessant: „Überbringer eures Schreibens". Da nicht anzunehmen ist, daß die Gesandtschaft der Prußen den Brief an Theoderich in Ravenna anfertigen ließ, müssen wir davon ausgehen, daß sie ihn aus ihrer Heimat mitbrachten, und er dort auch in lateinischer Sprache geschrieben wurde. Sollten einige der „wilden" Prußen um das Jahr 500 doch schon haben schreiben können, und sollten sie es nach über 700 Jahren, als der Bischof Christian schrieb „schreiben und lesen konnten sie nicht" wieder verlernt haben? Oder hat Christian es auch in diesem Fall mit der Wahrheit nicht ernst genommen? Der Verhältnismäßig lange Antwortbrief Theoderichs an die Prußen, den er ihrer Gesandtschaft bei der Rückreise mitgab, läßt mit Sicherheit den Schluß zu, daß zumindest die führenden Köpfe des Prußenvolkes die Kulturtechniken Schreiben und Lesen beherrschten, diese im alltäglichen Geschehen anwandten und darüber hinaus die lateinische Sprache beherrschten.

Nach dem Abwandern der Masse der Ostgermanen aus den Landschaften östlich der unteren Weichsel rücken Aestier in die wieder frei gewordenen Gemarkungen vor und werden dort wieder seßhaft ohne kriegerische Handlungen mit der dort verbliebenen Restbevölkerung von Goten, Gepiden, Rugiern und Wandalen. Stellenweise waren die Prußen auch über die Weichsel nach Westen vorgedrungen. Wahrscheinlich ist in dieser Zeit friedlichen Austausches zwischen den Völkern die Sage von Widewud und Bruteno, die ja ausdrücklich von zwei Völkern berichtet, aus denen ein Volk wurde, entstanden.

In der Regierungszeit Harald Blauzahns, der ab 925 König von Dänemark war, landen Dänen unter Führung seines Sohnes Haquin an der samländischen Küste. Viele der Dänen blieben im Lande und heirateten samländische Mädchen und Frauen. Es soll mancher darunter gewesen sein, der in Dänemark schon eine Frau hatte. Es muß ein besonderer Reiz von den samländischen Frauen und Mädchen ausgegangen sein, dem die hartgesottenen Wikinger erlagen, der so stark war, daß sie vergaßen wieder heimzufahren.

Um das Jahr 1000, als in den schon christlichen Ländern Europas ein geistlicher Aufbruch erfolgte, weil man glaubte, die Wiederkehr Christi stünde kurz bevor, datieren auch die ersten Versuche, die Botschaft des Christentums in die prußischen Lande zu tragen. Es blieb bei zwei Versuchen, die von Männern unternommen wurden, die sich von einer Begegnung in Rom gut kannten, und bei ihren Missionsversuchen ein tragisches Ende fanden, Adalbert von Prag und Bruno von Querfurt. Adalbert wurde um 956 in der Grafschaft Libice in Böhmen geboren und von seinen Eltern, einem Grafen Slawnik und seiner Mutter Strzezislawa auf den Namen Vojtech getauft. Um 995 lebte er in Rom als Klosterbruder, nachdem er als Bischof wie ein Eiferer in Prag aufgebrochen war. Wieder nach Böhmen zurückgekehrt stieß ihn das unchristliche, ja bisweilen noch auf heidnischen Sitten beruhende Leben der Menschen im Böhmerlande ab, und in seiner vom reinsten christlichen Glauben geprägten Haltung und Lebenswandel geriet er auf's neue in Konflikt mit den Böhmen. Das bestärkte ihn in seinen Überlegungen, die Botschaft des Evangeliums zu solchen Menschen zu bringen, die noch reine Heiden waren. Auf einer Missionsfahrt kam er mit seinen Begleitern Gaudentius und Benedikt ins Land der Prußen und begann im Südwesten des Samlandes zu missionieren. Die Prußen hörten ihn zunächst an; aber dann wiesen sie ihn ab und sagten ihm, daß sie ihn am nächsten Tag nicht mehr sehen wollten, andernfalls

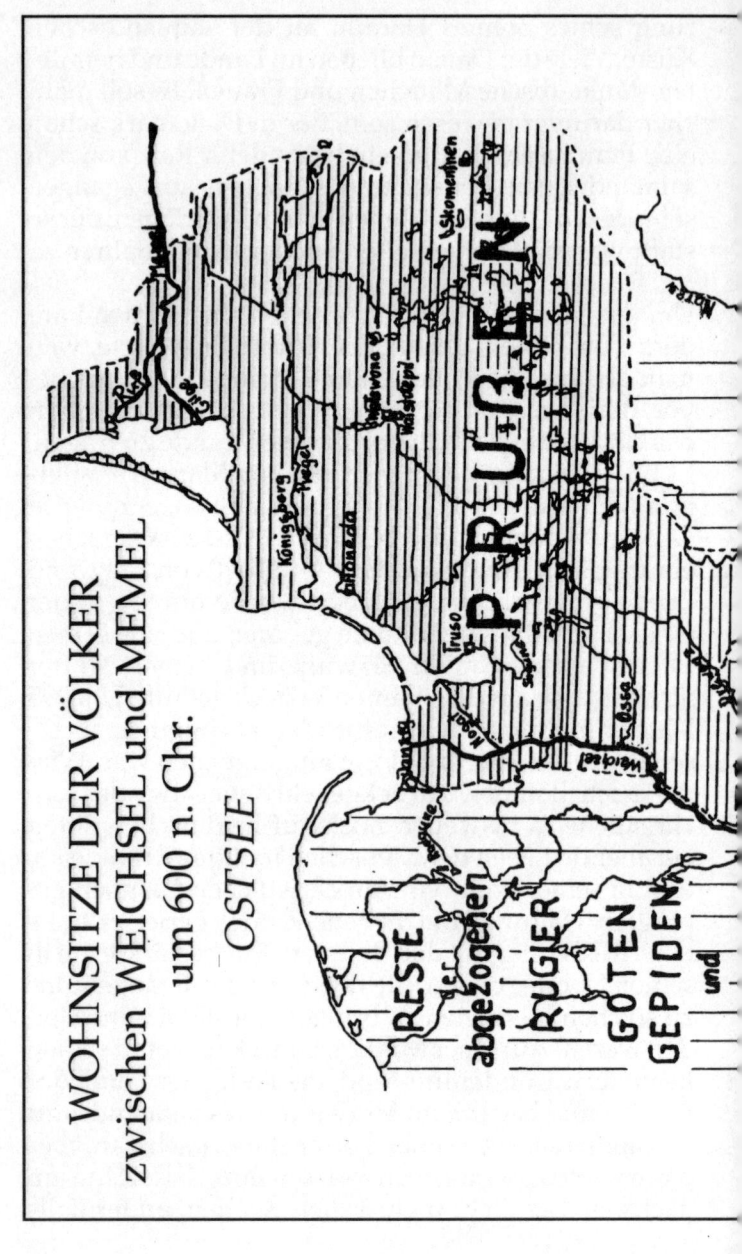

WOHNSITZE DER VÖLKER
zwischen WEICHSEL und MEMEL um 600 n. Chr.

OSTSEE

PRUßEN

RESTE der abgezogenen RUGIER GOTEN und GEPIDEN

Königsberg, Truso, Weichsel, Ossa, Memel

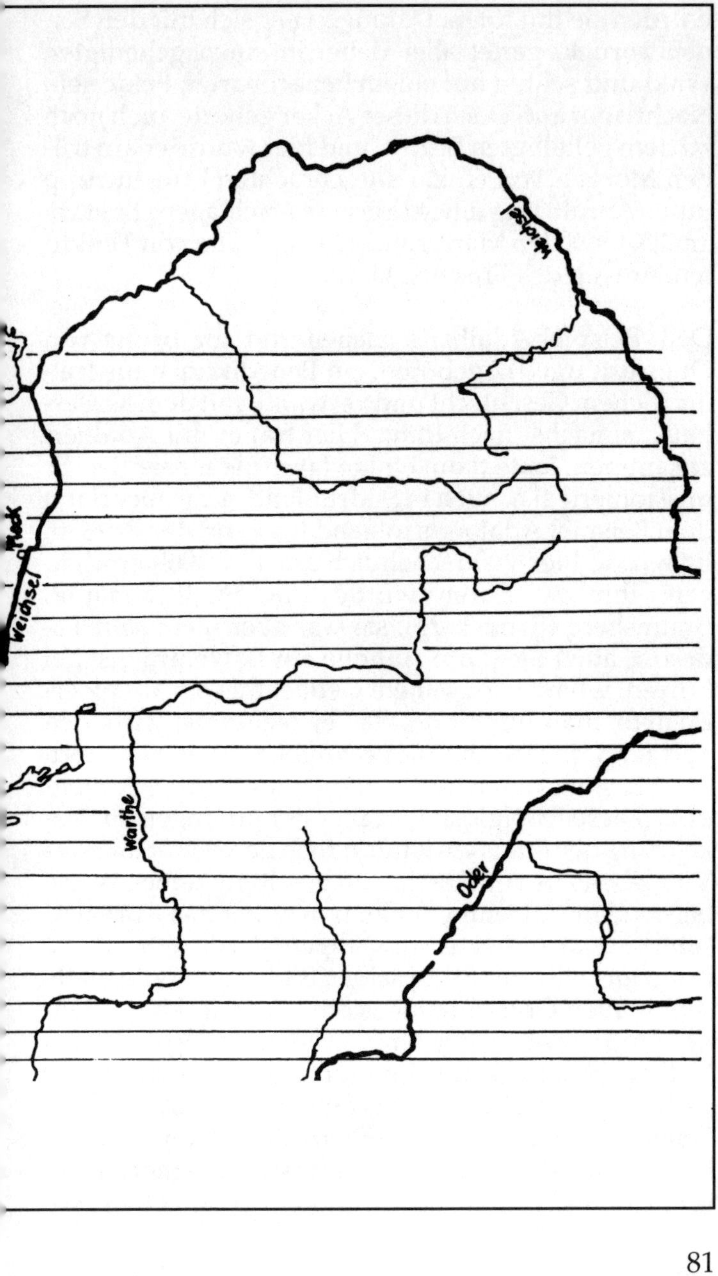

Weichsel
Plock
Weichsel
Warthe
Oder

würden sie ihn töten. Darauf zog er sich mit den Seinen zurück, geriet aber dabei in einen geheiligten Wald und schlug auf einem benachbarten Felde sein Nachtlager auf. Doch dieser Acker gehörte auch noch zu dem geheiligten Bezirk, und hier wurde er am frühen Morgen von einem aufgebrachten Prußentrupp unter Anführung eines Priesters erschlagen. Er starb am 23.4.997 den Märtyrertod in der Nähe von Tenkitten, unweit des Frischen Haffs.

Dem Beispiel Adalberts nacheifernd zog Bruno von Querfurt, um 947 geboren, ein Benediktiner aus freiherrlichem Geschlecht und verwandt mit dem Kaiserhaus, zunächst nach Rom. Hier traf er mit Adalbert zusammen, lebte dann einige Jahre als Einsiedler. Er missionierte u.a. auch in Südrußland, ging aber dann dem Beispiel Adalberts folgend ins Land der Prußen. Er wurde hier wahrscheinlich am 14.2.1009 erschlagen. Ihm zu Ehren wurde eine Stadt benannt, Braunsberg (Brunsberg); sie war aber nicht sein Todesort, auch nicht die Anhöhe am Löwentin-See bei Lötzen, wo man zu seinem Gedächtnis ein Kreuz errichtete; man nimmt an, daß er weiter ostwärts den Tod fand. Johannes Voigt schreibt zu dem Scheitern der Missionsversuche Adalberts und Brunos folgendes: „Diese Erfolglosigkeit aller Bemühungen zur Bekehrung der Preussen kann jedoch den Betrachter des Volklebens in der Geschichte gewiß in keiner Weise befremden..... Denn vor allem, was bot das Christentum, zumal in seiner damaligen Form dem Volke Preußens, auf der Stufe seiner Bildung, an die Stelle seines alten Götterglaubens dar? Soweit das Andenken in die Zeiten der Urväter zurückging, war das Volk in treuem Gehorsam und fester Liebe zu seinen Göttern durch Glück und Wohlfahrt zu seinem häuslichen Leben und durch Freiheit und Unabhängigkeit in seinem öffentlichen Verhältnisse gesegnet gewesen. Durch die alten Götter und vom heiligen Romowe her war ihm bisher alles zugekommen, was das Leben heiter und freundlich gemacht, alles Gedeihen, aller Reichthum, aller Wohlstand, alles Wohlseyn; an sie waren die fröhliche Feste geknüpft, mit ihnen verbunden waren die fröhlichen Gelage, bei welchen der sinnlichen Natur des Volkes in so übervollem Maße gehuldigt wurde ... Die Religion war Freude, und die Freude war Religion. Und was stellte dagegen nun das Christentum auf? Es verkündigte vor allem einen am Kreuze gestorbenen Heiland, einen Erretter, dessen Leben selbst voll Armuth, Jammer und Trübsal gewesen war bis an seinen Tod, dessen Lehre, wie sie damals gepredigt ward (um das Jahr 1000, d.A.) nur Entsagung und Entbehrung, nur Trauer in der Sünde, nur Ertödtung des Fleisches mit all seinen Lüsten, nur Fasten und Betrübniß an seinen Gedächnistagen und eine Anbetung ohne Festgelage und ohne Freudentage forderte. Es lehrte einen Gott, der gestorben war,...... dessen Bild nur den Anblick eines jammervoll sterbenden Menschen darbot... Wie konnte der heidnische Pruße es fassen, wenn die Apostel der christlichen Lehre diesen Sterbenden einen Ewiglebenden, diesen Ohnmächtigen am Kreuz den Allmächtigen, dieses Bild des Mitleids und Erbarmens den Ewiggütigen und Ewigrettenden, diesen Ermordeten den Heiland des Lebens nannten?" [19)]

Zur Ablehnung der christlichen Priester-Missionare Adalbert und Bruno mag aber noch ein anderer Grund entscheidend beigetragen haben: Sie kamen mit Unterstützung des Herzogs der polnischen Masowier, einem Fürsten und einem Volke, die schon einige Male versucht hatten, die Freiheit der Prußen zu beenden und sie zu unterdrücken, was jedoch erfolglos verlief. Bruno und Adalbert kamen jeweils aus Polen oder Masowien und ihre Bekehrungsversuche werden den sich ihrer Freiheit bewußten Prußen auch als Versuche erschienen sein, auf anderem Wege die politischen Absichten der masowischen Fürsten durchzusetzen: Unterwerfung und Zahlung von Steuern und anderer Dienstleistungen.

Nach dem Tode Brunos waren es etwa 200 Jahre in denen keine weiteren Missionsversuche unternommen wurden. An ihrer Stelle erhielten die Prußen anderen „Besuch", wenig freundschaftlicher Art. Das waren die Masowier, die häufig, den direkten Weg durch die „Wildnis" vermeidend, auf dem Weg durch das Kulmer Land in die prußischen Lande einfielen, raubten, plünderten und oft versuchten in wilder Gier mehr davon zu schleppen als sie transportieren konnten. Das geschah oft genug mit Hilfe von Gewalttaten schlimmster Art; Männer, Frauen und Kinder wurden dabei auch körperlich gequält.

Die Masowier sind ein westslawisches Volk, das im Stammesverband der Lechen, zu dem auch die Polen und Pomoranen gehörten, gegen Ende des 7. Jahrhunderts in die Gegenden der mittleren Weichsel zog; sie haben zum Teil die vormaligen Wohnsitze der Goten belegt, als diese mit ihrer Mehrheit sie verlassen hatten. Der polnische Chronist Gallus Anonymus, der im 12. Jahrhundert lebte, stellte gegenteiliges Verhalten in den Volkseigenschaften zwischen Polen und Pomoranern in folgendem Satz fest: „Poloni gloriam appetebant, Pomorani libertatem defentdebant." - „Die Polen trachten nach Ruhm, die Pomoranen verteidigen die Freiheit." Dieser Charakterisierung entsprechend, sollten sich die beiden Völker in den nächsten Jahrhunderten verhalten. [20]

Sie kamen aus den Landschaften beiderseits der unteren Donau, wo sie schon über 200 Jahre hinweg ihre Nachbarn beunruhigt hatten, indem sie plünderten, wobei sich die polnisch-masowischen Stämme hervortaten. Chilbud, der Statthalter Kaiser Justinians, wies sie um 530 jedoch nachdrücklich in ihre Schranken, drang in die von ihnen bewohnten Gebiete ein und nahm viele von ihnen gefangen. Zudem gerieten sie untereinander in Streit, so daß ein großer Teil von ihnen in römische Dienste trat, wobei sie ihre Familien mitnahmen. Der Ansturm der Bulgaren aus den weiten Ebenen Rußlands in Richtung Westen, der sie über die untere Donau führte, bewegte einen Teil der slawischen Lechen, zu dem auch die Polen, die Masowier und Pomoranen gehörten, nach Norden zu wandern, bis sie schließlich in das Land an der Weichsel gelangten, die Pomeranen sogar entlang des Westufers der Weichsel vordrangen und dort seßhaft wurden. Die Polen, d. h. Feldbewohner, blieben in den Ebenen beiderseits der oberen und mittleren Weichsel.

Über die nächsten Jahrhunderte und das Zusammenleben der Völker liegen keine Aufzeichnungen vor. Wie es gewesen sein könnte, berichten uns lediglich polnische Sagen, die wegen ihrer Ausschmückung des Geschehens nur wenig Aussagewert haben. Nach einer polnischen Sage soll König Leszek III. die Goten im Preußenlande besiegt und seiner Gemahlin Julia, einer Schwester Julius Cäsars, die Landschaft Samland geschenkt haben. Diese Vermischung von Zeit, Personen und Geschehnissen steht für sich. [21]

Herzog Boleslav Chrobry war ein Mann des Schwertes, auch wenn er beteuerte, es nur zur Gewinnung der Völker für das Christentum zu führen; die Wenden in Schlesien und die Pommern lernten ihn von dieser Seite kennen. Er behauptete, die Prußen unterworfen und sie zur Zahlung von Tributen verpflichtet zu haben, auch die Taufe seien sie bereit gewesen anzunehmen. In der Mittes des Flusses Ossa will er eine eiserne Gedenksäule errichtet haben. Die Wahrheit dieser Behauptung bezweifelnd fragt der zeitgenössische Chronist Jeroschin, was ihn davon abgehalten habe, diese Säule in der Memel oder in einem Flusse Nadrauens zu errichten, wenn er doch die dort lebenden Völker unterworfen habe. Ein polnischer Geschichtsschreiber überträgt die Meldung von der Errichtung der Gedenksäule gar auf die Saale. Auch die Zahlung von Tributen ist sehr zweifelhaft, die Prußen hatten keinerlei Organisation, solche Zahlungen einzutreiben und nach Polen zu bringen und die Polen selbst hüteten sich, regelmäßig ins Prußenland zu reisen, um die Zahlungen zu kassieren. Wen hat Boleslav Chrobry nur taufen lassen? Die Prußen waren 200 Jahre danach immer noch Heiden.

Es ist durchaus möglich, daß Herzog Boleslav einige nahegelegene Landschaften der Prußen kriegerisch durchstreift und sie dann einfach seinem Herrschaftsgebiet zugezählt hat. Es ist anzunehmen, daß der vermeintliche Gehorsam der Prußen des Kulmer Landes auch nur so lange gedauert hat, bis Boleslav auf dem Rückwege wieder jenseits ihrer Grenzen war. Auch sein Nachfolger in der Herzogswürde Wladislaw Hermann blieb in seinen Bemühungen, Pommern und Prußen 1091-93 zu unterwerfen erfolglos, abgesehen davon, daß seine zahlenmäßig weit überlegenen Scharen die von ihnen überfallenen Landschaften verwüsteten, Dörfer in Brand steckten und Menschen vernichteten. Dessen Söhne Wladislaw Zbigniew und Boleslav (gen. Schiefmaul) blieben in der Tradition ihrer Väter und Vorväter. Sie versuchten in den Jahren 1102-1103 mit zahlenmäßig großen Aufgeboten die südlichen Landschaften Preußens zu unterwerfen. Es blieb bei diesem Versuch, die Brüder bekamen Streit und Zbigniew bat die eben noch als Feinde bekämpften Prußen, ihm in dem viele Jahre dauernden Bürgerkrieg gegen seinen Bruder zu helfen.

Im Jahre 1108 faßte der Pommernherzog Gnewomir den Entschluß, die verhaßte Polenherrschaft über sein Volk abzuwerfen und die Unabhängigkeit zu gewinnen. In den Prußen fand er einen zum Kampf bereiten Bündnispartner gegen Boleslav, erst 1112 kam es zu einem verheerenden Einfall in Polen. Dem Polenherzog kam die Einsicht, daß der christliche Glaube das erfolgversprechendste Mittel sei, die Pommern auf Dauer zum Gehorsam zu bringen. Wenn das gelungen sei, so würde der gleiche Weg auch gegenüber den Prußen zum Ziele führen. Doch denen war die Annahme des Christentums gleichbedeutend mit völliger Knechtschaft durch die Polen. Im Blick auf ihre Nachbarn bemerkten die Prußen, daß die Taufe den Völkerschaften, die sie annahmen, nur Abgaben und Steuern an die Klöster gebracht hatten, sie waren teilweise von Grund und Boden enteignet worden zugunsten dieser Klöster und der geistlichen Herren, und es war immer das fruchtbarste Land, das sie abgeben mußten. Es kamen auch die ersten deutschen Fremdlinge, denen alle Vorteile und Vorrechte eingeräumt wurden. Daher brauchte es nicht wunderzunehmen, wenn sie ihre alte Freiheit in Gefahr sahen, und das heitere Leben mit den alten Göttern bedroht glaubten. Von dieser Einsicht bis zur Abscheu und zum bitteren Haß gegen das Christentum war es unter der fortwährenden masowischen Bedrohung nur ein kleiner Schritt. Dennoch nutzten die Prußen die Gunst der Stunde nicht als Boleslav III. 1138 starb, und infolge einer ungerechten Erbteilung Boleslavs unter seinen Söhnen Zwietracht entstand, die Land und Volk auf's neue in einen Bürgerkrieg stürzte. Von seinen Söhnen setzte sich Boleslaw durch und eingedenk des störrischen Volkes „der Gethen", so wurden die Prußen von den Polen genannt, wollte er ihnen jetzt eine Lektion erteilen und versammelte dazu 1161 eine zahlenmäßig große Streitmacht. Er rückte ins Kulmer Land vor, aber dann traf er auf ein Hindernis, das in der Natur des Landes lag. Dichter Wald, von dornigem Gestrüpp durchzogen, und Morast, der unter blühenden Sommerpflanzen verborgen lag, hemmten das Tempo seines Vormarsches. Da boten sich vier prußische Männer als Führer durch die Wildnis an. Es ging anfangs auch schneller voran, dann aber traf man wieder auf Morast und Sumpf und kleine Seen. Das war südlich von Strasburg. Plötzlich stürzten aus dem Hinterhalt prußische Kampftrupps mit wildem Geheul, schwangen ihre Wurfkeulen und Schwerter, drängten die polnischen Krieger, die teilweise mit schweren Rüstungen gepanzert waren, in den trügerischen Sumpf, wo sie bald versanken. Der weitaus größte Teil kam auf diese Weise um, auch der Bruder des Herzogs, Heinrich. Die prußischen Führer verschwanden unauffällig, als die bewaffnete Auseinandersetzung begann. Boleslaw entkam mit einer kleinen Anzahl seiner Streiter dem allgemeinen Untergang. Zu Hause erwarteten ihn innere Unruhen, so daß er nicht an die Fortsetzung des Kriegszuges und an dessen glücklicheren Ausgang denken konnte. Das Besitztum seines Bruders Heinrich überwies er an seinen bei der Erbteilung benachteiligten jüngsten Bruder Casimir und starb, gebeugt vom Gram, im Jahre 1173. Die Prußen aber hatten für ihre Dörfer und Wohngebiete eine lange Zeit der Ruhe und des Aufbaues, über 30 Jahre dauerte sie. Fünf Jahre währte es, bis sich die Masowier wieder geeinigt hatten und Casimir, dem man den Beinamen der Gerechte gab, zum Herzog ernannten. Streitigkeiten ohne Ende mit seinen Neffen, und die ungeordneten inneren Verhältnisse im Lande hielten ihn davon ab, an einen Rachefeldzug zu denken geschweige ihn zu planen. Erst nach 1192 glaubte Casimir den Zeitpunkt gekommen, vielleicht aus einem allgemeinen Rachebedürfnis, vielleicht um den gefallenen Bruder zu rächen, eine schlagkräftige Streitmacht zu sammeln und zum Kampf gegen die Prußen aufzubrechen. Eingedenk der Erfahrungen, die man mit der Landesnatur gemacht hatte, rückte das Heer nur langsam vorwärts. In der Gegend, wo später die Stadt Thorn entstand, setzte die masowische Streitmacht über die Weichsel. Vorsichtig und nach allen Seiten sichernd, durchzog man das Kulmer Land und kam bis an die Ossa, dem vermeintlichen Grenzfluß zum Gebiet der Prußen. Die ersten Scharmützel mit kleinen prußischen Kampftrupps fanden statt, und nach Dlugosz, einem Domherrn in Krakau und Wislica, meldeten sich angesichts der großen Heeresmacht der Polen einige prußische Vornehme zur Verhandlung. Dlugosz zeichnet sich durch eine oft ungenaue und verfälschende Darstellung aus, er verfaßte seine Geschichte in der Zeit von 1460-1480, also fast 300 Jahre später als das Ereignis stattfand. Angeblich sollen diese Vornehmen eingewilligt haben, den rückständigen Tribut zu zahlen und hundert Geiseln zur Bürgschaft zu stellen und der große Heerhaufen machte sich wieder auf den Heimweg nach jenseits der Weichsel. Nach einem siegreichen Feldzug gegen die Polexianer, ein anderer Name für die Sudauer, einem prußischen Stamm an den nordöstlichen Grenzen Polens, starb Casimir 1194 bei der Siegesfeier inmitten zahlreicher Gäste. Um seine Nachfolge erhob sich ein Streit unter den polnischen Edlen, der viele Jahre dauern sollte und mit erheblichem Blutvergießen geführt wurde. Die Streitenden waren Miesco, ein Bruder Casimirs, und die Großen des Landes, vor allem Fulco, der Bischof von Krakau, der die Interessen der noch unmündigen Söhne Casimirs, Leßko und Konrad vertrat. Dieser Streit, der mit Hinterlist, Blutvergießen und Waffengewalt geführt wurde, dauerte bis zum Jahre 1206. Inzwischen waren Casimirs Söhne volljährig geworden und teilten sich das Land ihres Vaters: Leßko, der ältere der Brüder, erhielt die Gebiete um Krakau, Sandomirien, Laucicz und Syradien; Konrad dagegen als zweitgeborener Masowien, Kujawien und die Lande von Dobrin, Michelau und Kulm. Masowien, das noch unter Casimir mit zum ganzen Herzogtum Polen gehört hatte, wurde nun ein selbständiges Herzogtum. „Herzog Konrad von Masowien rief den Deutschen Ritterorden zu Hilfe gegen die wilden noch heidnischen Prußen!" So steht es in den Geschichtsbüchern von 1920 bis 1990. An diesem Satz stimmt nur, daß die Prußen noch keine getauften Christen waren. Woher nur mag es kommen, daß sich eine Lüge über mindestens 70 Jahre hält? - Weil man ihre Aussage für nebensächlich hält? Sie wird auch nicht dadurch zur Wahrheit, daß man sie zur Doppellüge macht: Konrad war alles andere als ein bedauernswerter Fürst, und die Prußen waren keine beutegierigen Wilden. In dem von seinem Herzog ausgepowerten Masowien ließ sich nichts holen, und außerdem waren die Prußen im Vergleich zu den Masowiern wohlhabend, wenn nicht reich.

Konrad von Masowien war ein Verbrecher auf dem Fürstenthron. Heinrich Gerlach charakterisiert Konrad von Masowien mit der Bezeichnung „Westentaschen-Nero" und „Stinkstiebel". Das ist angesichts des Lebenslaufes dieses polnischen Fürsten noch vornehm und milde ausgedrückt. Die Meinung der polnischen Geschichtsschreiber Boguphal, Kadlubek und Dlugosz über Herzog Konrad faßt Johannes Voigt in der folgenden Charakterisierung zusammen: „Seine Handlungen stellen ihn dar als einen äußerst leidenschaftlichen Mann, wild und zügellos in seinen Sitten, ohne Maß und Scham in seinen Lüsten und Begierden, grausam und tyrannisch in seinem Zorne, unversöhnlich in seinem Hasse,, übermütig im Glükke und feig und kraftlos im Unglück. Nichts war ihm wert und heilig, selbst brüderliche Liebe nicht, wenn irgend dadurch die Befriedigung seiner lüsternen Wünsche verhindert ward."[22] Als Beispiel dafür mag das Schicksal seines (Konrads) Lehrers und Erziehers Cristin stehen, der in seinem Amte als Woiwode von Masowien sich außerordentliche Verdienste erworben hat und bei seinen Mitmenschen in hohem menschlichen und fachlichen Ansehen stand. Diesen Mann hat Konrad, als jener ihm eine wohlgemeinte

Ermahnung gab und nach Verleumdung durch seine Neider, in einen schmutzigen Kerker werfen lassen. Ohne ihn anzuhören und ohne die Anschuldigungen zu prüfen, ließ er den völlig Unschuldigen seines Augenlichts berauben und einige Zeit später unter unmenschlichen und grausamen Qualen erwürgen. „Und dieser Mann ohne eigene Haltung, ohne festen Willen, ohne jede moralische Kraft des Geistes, ... dieser Mann, der sich selbst nicht zu lenken und zu beherrschen verstand, war bestimmt, ein Land zu regieren, in dessen Innern das Gesetz vergessen, die Ordnung zertreten, der Wohlstand vernichtet, das Glück verscheucht und die Wohlfahrt und der Friede der Bewohner durch langwierige Fehden fast untergraben war......" [23] Die schon zur Tradition gewordenen Überfälle auf die Nachbarn in Pommern und Preußen fortzusetzen unternahm auch der Masowierherzog Konrad nach 1210 in mehreren Versuchen. Die infolge eigener Überschätzung und Großmannssucht miserabel geplanten und organisierten kriegerischen Unternehmungen endeten mit einem Fiasko. Die Masowier mußten Fersengeld geben, weil sie von gut koordinierten prußischen Kampftrupps gleichzeitig von allen Seiten angegegriffen wurden. Um eine lange Rechnung zum Abschluß zu bringen folgten die Prußen dem fliehenden Feind nach Masowien hinein. Hier kam es dann zu Verhandlungen, in denen die Prußen weder Geld noch Gold noch Land zur Wiedergutmachung verlangten, sondern (4000?) „schöne Kleider". Die bekamen sie auch von Konrads Frau Agaphia. Die Tributforderung „schöne Kleider" wiederholten die Prußen auch bei anderen Grenzkämpfen mit den Masowiern. In einer Ordenschronik wird berichtet, daß Herzog Konrad einmal die reichsten und vornehmsten Edlen seines Landes mit ihren Frauen und Töchtern zu einem festlichen Gastmahl einlud und auf des Festes Höhepunkt, als alle gut gegessen und noch mehr getrunken hatten, ihnen die abgelegten Kleider und Pferde wegnehmen ließ, um bei der nächsten Forderung der Prußen zahlen zu können.[24] Die Forderung nach „schönen Kleidern" ist gewiß einmalig und widerlegt die Behauptung, daß die prußischen Frauen von ihren Männern unterdrückt worden seien. Sie zeugt vielmehr dafür, daß die prußischen Männer, nach eben bestandenen Kampf auf Leben und Tod, ihrer Frauen in liebevoller Wertschätzung gedachten.

Konrad von Masowien erstand nun ein Partner, von dem er glaubte, ihn in seine Pläne einspannen zu können. Mit dem geistlichen Tätigkeitsfeld dieses Partners ließen sich die so sehr weltlichen Eroberungspläne gut kaschieren. Die Missionsversuche des Bernhardiner-Mönches Christian im Kulmer Land und in Pommeren ließen aufhorchen. Entscheidend für den Erfolg seiner Missions-Arbeit war, daß er nicht aus Polen, sondern aus dem Kloster Oliva kam, das in Pommern lag; zudem beherrschte er die Sprache der Prußen. Er missionierte in der Landschaft um Löbau und in Pomesanien und hatte einige Erfolge. So nahm er die von ihm für den Christenglauben gewonnen Häuptlinge Warpode und Survabuno 1215 mit nach Rom und stellte sie dem Papst vor. Papst Innozenz taufte sie auf die Namen Philipp und Paul und ernannte Christian zum ersten Bischof von Preußen. Außerdem schenkte er ihm kraft einer päpstlichen Bulle die Gaue der beiden Häuptlinge, worauf diese vorher feierlich verzichtet hatten. Aber nach der Rückkehr von dieser Romreise schlugen Christian Ablehnung, gar feindselige Haltung der Prußen entgegen. Was mag sie zu dieser Abkehr bewogen haben? War es Christians Bitte an Konrad von Masowien, das vom Papst verliehene Land im Notfall zu verteidigen? War es der Umstand, daß der bis dahin arme und besitzlose Mönch nun ihr Gebietsherr geworden war? Wir wissen es nicht. Zu alledem kam noch, daß der nun erbitterte Christian sich an den neuen Papst wendete mit der Bitte, zu einem Kreuzzug gegen die widerspenstigen Prußen aufzurufen. Der Papst, es war Honorius III., erfüllte diese Bitte. In diesem Aufruf, der im Juni des Jahres 1218 erfolgte, heißt es: „Dort ist ein Volk, welches von allem was Glauben heißt, entfremdet ist, in welchem der Vater alle Töchter, die ihm die Gattin bringt, bis auf eine ermordet, wo ohne Scheu und Scham Töchter und Frauen wilder Lust preisgegeben werden, wo man die Gefangenen den Götzen opfert und Schwert und Lanze mit deren Blut färbt. Aus der Mitte dieses Volkes hat der Herr schon eine Gemeinde zur Erkenntnis seines Wortes geführt. Sie unterliegt aber schrecklicher Bedrängnis und vielfältiger Anfechtung, um sie in die Finsternis des Heidentums wiederum zurückzuführen. Der Bischof von Preußen und die Gehilfen seines Werkes sind gesonnen, sobald ihnen die nötigen Mittel zur Hand stehen, die zum Tode bestimmten Töchter loszukaufen, sie erziehen zu lassen und für das Christentum zu gewinnen, ferner dort für preußische Knaben Schulen zu errichten, um an diesen geschickte Prediger und Lehrer des christlichen Wortes unter ihrem eigenen Volke zu bilden, weil diese ihre eigenen Volksgenossen gewiß weit wirksamer im Evangelium werden belehren können als die fremden Ankömmlinge. Darum rufen der Bischof (von Preußen) und seine Mitgehilfen den Beistand all derer an, welche das Zeichen des Kreuzes noch nicht empfangen haben oder zum Heereszuge in das genannte Land es nicht auf sich nehmen können, daß sie in solcher Beihilfe ein frommes Gelübde erfüllen mögen". [25]

Sicher kann man über die innere Berechtigung dieses Aufrufes streiten; aber hier soll nur einmal die Frage gestellt werden: Wie wäre die bei den Prußen verbreitete Vielweiberei möglich gewesen, wenn die Väter nach der in dem Aufruf beschriebenen Weise verfahren wären und alle Töchter bis auf eine getötet und sie dadurch in der Zahl knapp gehalten hätten? Es ist wahrscheinlich, daß der Papst Honorius falsch informiert worden ist. Möglicherweise ist der Honorius-Aufruf vor dem Hintergrund einer alten Sage aus Galindien zu sehen: „Das Volk der Galinder vermehrte sich so sehr, daß das Land allmählich übervölkert war. Da beschlossen die Männer, alle Mädchen in einer Familie bis auf eines zu töten und nur die Knaben aufzuziehen. Die Frauen waren darüber sehr erbittert. Sie hielten insgeheim Rat und suchten in ihrer Not die oberste Priesterin auf. Diese war gleichzeitig eine bei allem Volk hochangesehene Stammesprophetin. Nach einer Zeit des Nachdenkens verkündete sie den Männern: Die Götter würden es gern sehen, wenn sie unbewaffnet in das Land des Nachbarvolkes einfallen würden, um dort für die Götter zu rauben und zu plündern. Nach vollbrachter Tat machten sie sich beutebeladen auf den Heimweg. Doch sie wurden von den Männern des Nachbarvolkes ereilt, die sich inzwischen gesammelt und bewaffnet hatten, und zum großen Teil niedergemacht. Die wenigen Überlebenden sollen dann an ihren Frauen grausame Rache geübt, aber dann doch den Töchtermord aufgegeben haben. - Soweit der Bericht der Sage.

Der Bischof Christian verfaßte einen Erlebnisbericht über die Prußen unter dem Titel: „Liber filiorum Boelial et eorum superstitionibus" - „Buch über die Kinder des Teufels und ihren Aberglauben". An einer Stelle des Buches weiß er jedoch Gutes über die „Kinder des Teufels" zu berichten „.....Sind diese Leute schlichte und einfache Menschen gewesen, den Fremden nach ihrem Vermögen freundlich und wohltätig. Sind diese Menschen im Essen und Trinken sehr mäßig und sind doch schön und von säuberlicher Gestalt, im Reden fast bescheiden. Lesen und schreiben konnten sie nicht". [26]

Unter den Teilnehmern des Kreuzzuges von 1218 gegen die Prußen und auch der folgenden waren viele, denen es nur darum ging, Beute zu machen und Gewalttaten zu verüben. Ein anderer großer Teil der Kreuzzugsteilnehmer waren wegen Mordes und Totschlags oder auch wegen anderer Verbrechen Verurteilte, die auf diese Weise hoffen konnten, daß ihnen die Strafen durch die Teilnahme am Kreuzzug erlassen oder gemildert wurden. Man kann sich leicht vorstellen, daß das Verhalten vieler nicht gerade edel gesonnener Kreuzzugskämpfer im Lande der Prußen diese erregte und erbitterte und sie zur Vergeltung mit einigen kleineren Haufen einfach Bewaffneter hier und da in das Kulmer Land einfielen und dabei 1218 auch auf masowisches Gebiet gerieten. Mehr als drei Jahre währte dieses Hauen und Stechen und Brennen und Plündern. Der Papst ließ 1219 an Bischof Christian die Anordnung ergehen, die Führer der Kreuzfahrer ernstlich darüber zu belehren, welches ihr eigentlicher Auftrag sei: Nur zur Verteidigung der Kirche und „nicht die Heiden unter der Knechtschaft zu beugen". Er bevollmächtigte Bischof Christian, strafend einzugreifen bei Übertretung dieser Verordnung. Bischof Christian scheint bei seinen Missionsversuchen nie über das Kulmer Land und das Gebiet von Löbau hinaus gekommen zu sein. Teile des Kulmer Landes wurden von Konrad von Masowien auf den Bischof Christian als Schenkung übertragen, und auch andere vermögende Edle schenkten ihm Dörfer und Güter. Aber als das Kreuzfahrer-Heer im Laufe des Jahres 1223 das Kulmer Land wieder verlassen hatte, stürmten die Prußen wieder vor, um ihr altes Land wieder in Besitz zu nehmen. Sie dehnten ihren Rachezug auf masowisches Gebiet bis vor Ploczk aus. Nur die befestigte Wehrburg Ploczk sei der einzige Ort gewesen, an dem Herzog Konrad sicher gewesen sei. [27]

Zweihundertfünfzig Kirchen und Kapellen seien bei diesem Rachezug der Prußen zerstört, Gewalttaten an Männern, Frauen und Kindern seien verübt worden. Am meisten jedoch hätten die Angehörigen des geistlichen Standes zu leiden gehabt: Priester, Mönche und Nonnen.

In jenen Tagen war auch Wilhelm von Savoyen, Legat des Papstes, Gast des Bischofs Christian. Wahrscheinlich auf seine Anregung hin stifteten Christian und Herzog Konrad einen Ritterorden nach einem Vorbild, das Wilhelm v. Savoyen in Livland gesehen hatte. Es fanden sich auch bald einige Ritter, die nach geistlichen Regeln jener Zeit zusammenleben wollten. Sie sollten anstelle eines Kreuzfahrerheeres, das zuviel Unruhe brachte, die Mission im Prußenlande schützen.

Konrad war von dieser Ordensgründung sehr angetan, schien es ihm doch eine Möglichkeit zu sein, auf indirektem Wege die Herrschaft im Lande der Prußen zu gewinnen. Zu ihrem Unterhalt schenkte er den neuen Ordensrittern das Gut Zedlitz und veranlaßte den Bau der Ritterburg Dobrin an der Grenze von Masowien zum Kulmer Land, die dem Orden auch den Namen gab. Diese Gemeinschaft Dobriner Ritterorden erhielt auf Anordnung des Papstes ein Ordenskleid, auf weißem Mantel ein rotes Schwert und darüber ein roter Stern. Er bestand durchweg aus nachgeborenen Söhnen masowischer Edelleute und einigen deutschen Rittern und machte sich daran, die von Herzog Konrad und Bischof Christian gestellten Aufgaben zu erfüllen. Mit zunehmender Zeit aber vergaßen die neuen Ordensritter ihre eigentliche Aufgabe, und weil sich ihr Einsatz auch lohnen sollte, machten sie bei ihren Streifzügen ins Prußenland tüchtig Beute und waren, wenn ihnen selber keine Gefahr drohte, immer zur Stelle, wenn es darum ging, gerade wieder im Kulmer Land seßhaft gewordene

Prußen aufs neue mit Hilfe des Schwertes zu vertreiben. Je häufiger diese Dobriner Ritter ihre mit zunehmender Zeit auch auf Raub und Plünderung gerichteten Streifzüge unternahmen, umso mehr fühlten die Prußen sich gereizt, und in großer Verbitterung sammelten sie eine große Streitmacht und drangen in das von den Dobriner Rittern kontrollierte Kulmer Land ein, um ihre Burg zu brechen und ihnen so ihre gewalttätigen Streifzüge zu verleiden. Die Ritter riefen den Masowierherzog um Hilfe an, und dieser kam mit seiner gesamten bewaffneten Manschaft. In der Gegend, wo später Strasburg entstand, kam es zur Schlacht. Es wurde erbittert gekämpft, und keiner wollte weichen. Zwei Tage lang hallte das Schlachtgetöse über die später so genannte Strasburger Heide. Nur Herzog Konrad verlor plötzlich allen Mut und ergriff die Flucht. Mit ihm rannten seine masowischen Krieger, dem Beispiel ihres Führers folgend. Das geschah im Jahre 1223. Um den Masowiern und auch den christlichen Missionaren das Wiederkommen zu verleiden, machten die Prußen, zumeist aus Pomesaniern und Pogesaniern bestehend, im Sommer des Jahres 1224 einen Vergeltungsfeldzug durch das Kulmer Land bis nach Masowien hinein. In ihrer Wut setzten sie über die Weichsel und drangen in das nächstgelegene pommersche Land ein. Suantepolk, der Herzog von Pommern, hatte die Kreuzfahrer-Heere unterstützt, die 1222 im Prußenland gekämpft hatten. Das hatten die Prußen nicht vergessen. Sie dehnten ihren Vergeltungszug mit Raub und Brand bis zum Kloster Oliva aus und nahmen die Mönche gefangen. Sich erinnernd, daß der Bischof Christian aus diesem Kloster zu ihnen kam, richteten sie die Mönche in Danzig hin. Christian schrieb nun den vorher erwähnten Erlebnisbericht „Buch über die Kinder des Teufels …" und beratschlagte mit dem Herzog, was nun zu tun sei. Hilfe konnte dieser von seinen Nachbarn in Pommern und Schlesien nicht erwarten, und der Bischof sah sein Missionswerk von Verfall bedroht. Da kam ihm der Gedanke, Hilfe vom Deutschen Ritterorden zu erbitten und in seiner Not stimmte ihm der Herzog zu. So kam es, daß Herzog Konrad nach Italien reiste, wo des Ordens Hochmeister Hermann von Salza am Hof des Kaisers Friedrich II. weilte. Hermann von Salza, war zu jener Zeit der wohl befähigteste Ratgeber des Kaisers Friedrich II., ein Mann mit staatsmännischer Klugheit und Weitsicht begabt. Nach Beratung mit den Ritterbrüdern des Deutschen Ordens beschlossen sie, das Anerbieten des Masowierherzogs anzunehmen, unter der Voraussetzung, daß der Kaiser einwilligte.

Im Hinblick darauf, daß der Deutsche Ritterorden von entscheidender Bedeutung für die Auseinandersetzung mit den Prußen werden sollte, lohnt es, sich mit seiner Entstehung und seiner Organisation zu beschäftigen. Im Verlauf der Kreuzzüge wird 1190 von Kaufleuten aus Lübeck und Bremen in Jerusalem ein Krankenpflegeorden gegründet, der die nach beschwerlichen Reisen und Fahrten erkrankten und die in den Kämpfen mit den Türken verwundeten Kreuzzugsteilnehmer aufnimmt und sie in einem eigens dazu eingerichteten Spital gesundpflegt.

„Im Namen der Heiligen Dreifaltigkeit künden wir all denen, die jetzt leben und die noch kommen sollen, wie, wann und von wem der Orden des Hospitals Sankt Marien des Deutschen Hauses von Jerusalem gestiftet wurde.

Im Jahre 1190 nach unseres Herrn Geburt zu den Zeiten als Akkon von den Christen belagert und mit Gottes Hilfe wieder aus den Händen der Ungläubigen gewonnen wurde, waren in dem Heere gute Leute aus Bremen und Lübeck. Diese erbarmten sich um der Liebe Christi willen über die mannigfachen Gebrechen der Siechen im Heere und errichteten das

Spital unter dem Segel eines Schiffes, das man Kogge heißt, und brachten die Kranken dort mit großer Andacht unter und pflegten ihrer eifrig ..." [28] (aus den Statuten des Deutsche Ordens).

Schon acht Jahre später, 1198, wird der Orden, der sich der Krankenpflege widmen will, in den Deutschen Ritterorden umgewandelt. Das Ritual der Aufnahme eines Ritters, der zuvor nach den Ordensregeln die Gelübde der „ewigen Keuschheit", „Gehorsam bis an den Tod" und das „Gelübde der Armut" (ohne persönliches Eigentum) endet mit der Segnung des Ritters: „Erhöre, Herr, unsere Bitten und würdige dich, diesem deinem Diener, der heute mit deiner Gnade mit dem Kriegsschwert umgürtet wird, zu segnen, auf daß er ein Verteidiger und Schirmer der Kirchen sei, der Witwen, Waisen und all derer, die dir dienen, gegen die Grausamkeit aller bösen Heiden und so ein Schrecken sei all derer, die gegen den heiligen Glauben kämpfen" (Aus dem Ordensritual). In den Ordensregeln heißt es u.a. auch „Die Ritterbrüder sollen weiße Mäntel tragen zum Zeichen der Ritterschaft, doch sollen sie sich in der übrigen Kleidung von den anderen Brüdern nicht unterscheiden. Wir setzen fest, daß jeder Bruder an Umhang, Mantel und Waffenrock ein schwarzes Kreuz trage, damit er nach außen bezeuge, daß er sonderlich ein Glied des Ordens sei. Alle Brüder, die Ämter haben, sie seien klein oder groß, sollen sich befleißigen, daß sie den anderen Brüdern die Dinge, die man ihnen geben soll, gütig und bescheidentlich geben oder versagen, damit die andern nicht durch ihr Verschulden betrübt werden. Wovon sie nicht wollen, daß man es ihnen tue, das sollen sie auch niemandem tun..." (aus der Ordensregel). [29]

Dieser letzte Satz aus den Ordensregeln hatte allem Anschein nach für den Orden als Ganzes nur bedingt Gültigkeit, auch von Einzelgliedern ist er häufig übertreten worden.

Das Geschick fügte es, daß der Orden schon bald das Feld seiner Tätigkeit aus dem Heiligen Land nach Ungarn verlegte. Das Siebenbürger Land hatte sehr unter den räuberischen und gewalttätigen Einfällen der Kumanen-Stämme, einem Turk-Volk, zu leiden. Da übertrug der König von Ungarn den Schutz seiner östlichen Grenzen dem Deutschen Ritterorden. In verhältnismäßig kurzer Zeit stabilisierte dieser die Verhältnisse an der ungarischen Grenze unter der Führung seines Hochmeisters Hermann von Salza. Doch der Orden begann, in dem Grenzland ein autonomes Gebiet zu schaffen. Damit war der wankelmütige Ungarn-König Andreas II. nicht einverstanden, und er vertrieb 1225 den Orden. In dieser Lage traf Konrad von Masowien den Hochmeister. Dieser erkannte, daß sich im noch heidnischen Prußenland eine Aufgabe und Bleibe für einen überschaubaren Zeitraum wahrscheinlich auch über längere Zeit für den Orden bot.

Nach der Rechtsauffassung der damaligen Zeit war Land mit einem heidnischen Volk herrenlos, und mit herrenlosem Land konnte der Kaiser verfahren, wie er wollte. Hermann von Salza trug dem Kaiser, seinem Freunde, die Sachlage vor. Da der Ruf des Masowierherzogs durch sein Verhalten in vielen Fällen nicht der beste war, bewog der Hochmeister den Kaiser, mit Hilfe einer Urkunde, der Goldenen Bulle von Rimini, (März 1226) die Rechtsverhältnisse zu klären. Der Orden erhielt mit Rechtsgarantie des Kaisers das Kulmer Land und alles Land, das er in dieser Region bei der Erfüllung seiner Aufgaben noch erobern würde zum endgültigen Besitz „ohne Verantwortlichkeit gegen irgendeine menschliche Macht" völlig frei ohne Dienst- und Steuerpflicht. [30]

Diese Original-Urkunde, auf Pergament geschrieben, mit dem Monogramm des Kaisers und der goldenen Bulle versehen, ist noch sehr gut erhalten. Die Rechtsgarantie des Kaisers war für den Orden etwas so absolut Gültiges, daß er sich den Besitz des Preußenlandes auch von den nachfolgenden Kaisern immer auf's neue bestätigen ließ. Da der Deutsche Ritterorden auch ein geistlicher Orden war, ließ er den erworbenen und noch zu erwerbenden Besitz auch vom Papst anerkennen, das geschah durch die päpstliche Bulle von Rieti 1234. So hatte Hermann von Salza den Orden, und das was er schaffen wollte, den Ordensstaat, zweifach rechtlich gesichert. Die endgültige Verzichterklärung des Herzogs von Masowien auf das Kulmer Land und alle weiteren durch den Orden noch zu erobernden Gebiete vom Jahre 1230 war nur noch der zwangsläufige Schlußpunkt unter einen Eroberungsplan, der dem Orden das notwendige Gebiet für einen eigenen Staat kirchlicher Prägung zur Verfügung stellte. Darüber hinaus bleibt festzuhalten: Es war ein polnischer Fürst, der den Deutschen Ritterorden um Hilfe bat – die polnische Version dieses Begriffes lautet „die Kreuzritter" – und veranlaßte, für ihn die Prußen zu überwältigen, um so den gewünschten Zugriff auf deren Land auszuüben, zu dem ihm selber die Kraft und die Größe fehlten.

Auch Bischof Christian trat im selben Jahr die ihm zur Verfügung stehenden Besitzungen im Kulmer Land an den Orden ab gegen die Zusicherung anderer Einkünfte, wie sie für die Ausübung des Bischofsamtes erforderlich waren: den Zehnten für das Kulmer Land und die Einkünfte aus mehr als 200 Hufen Bauernland und einigen gut dotierten Bauernhöfen. Doch Christian hat diese Einkünfte nur geringfügig nutzen können, denn nur wenige Jahre später, 1233, geriet er in die Gefangenschaft der Samländer, aus der er erst 1238 als ein gebrochener Mann zurückkehrte. Als er sich beim Papst über die Benachteiligung durch den Orden beklagte, bot dieser ihm 1243 eines der vier inzwischen im Preußenland eingerichteten Bistümer an: Kulmer Land, Pomesanien, Pogesanien mit Ermland, Natangen und Barten, und dem Samland, die teilweise noch umkämpft waren.

An dieser Entwicklung war Christian nicht schuldlos. Als Bischof wollte er einer Hierachie vorstehen und durch sie auch in weltlicher Weise herrschen; dabei traf er auf die Ansprüche des Ordens in den eroberten Gebieten. Er sah sich selber immer noch in der Zeit seiner missionarischen Erfolge, als der Mann, dem aller Fortschritt in dieser Sache zu danken sei. Bedauerlicherweise nahm er es in seiner Beschwerde beim Papst mit der Wahrheit nicht genau und griff in seiner Argumentation auch zu Verleumdungen. Sein würdeloses Verhalten erzürnte den Papst und legte diesen auf die eben geschilderte Maßnahme fest. Christian ist nach 1245 gestorben. Niemand weiß den Ort und den Zeitpunkt seines Todes anzugeben.

Der Orden sandte die Ritter Conrad von Landsberg und Otto von Saleiden mit 18 Reisigen nach Masowien zur Erkundung und Verhandlung mit dem Masowierherzog, mit dem Ziel, daß dieser seine Versprechungen schriftlich bestätige. Sie stellten fest, daß im Kulmer Land die Prußen sich wieder festgesetzt hatten. Völlig unnötig lassen sie sich von den Masowiern bereden, mit ihnen einen in der Nähe befindlichen Prußenhaufen anzugreifen. Das bekommt ihnen übel, denn sie werden im Kampf mit den Prußen beträchtlich verwundet und durch die Leibärzte der Herzogin Agaphia, Konrads Ehefrau, wieder zusammengeflickt. Eine Urkunde, von Konrad am 29. Mai 1226 ausgestellt, bestätigt dem Orden den Besitz des Kulmer Landes und allen noch zu erobernden Landes in Preußen. Konrad und seine Söhne Boleslav, Casimir und Semovit leisten darin für alle Zeiten Verzicht auf das Kulmer Land. Der neue Papst Gregor IX., Honorius III. war am 18.3.1227 gestorben, bestätigte dem Orden alle bisherigen Verträge und forderte die

Ordensritter mit Verheißung der Vergebung aller Sünden auf, das schwere Unrecht zu rächen welches dem Gekreuzigten im Lande der Prußen zugefügt worden sei: „Gürtet die Schwerter um, seyd stark und bereit zum Kampfe gegen Völker, welche uns und unser Heiligstes zu vernichten trachten. Es ist besser für uns, im Kampfe zu sterben als Unheil gebracht zu sehen über unser Volk und über unser Heiligstes." [31]

An dieser Stelle sei als Tatsache festgehalten: Nicht die Prußen griffen den Papst an und wollten diesen zur Anbetung ihrer Götter bekehren, sondern dieser wollte unter Anwendung von Gewalt, die Nacken der Prußen in der Taufe gebeugt sehen.

Hermann von Salza sandte nun den Landmeister Hermann Balk, wahrscheinlich ein westfälischer Adliger, und weitere sieben Ritter, in deren Gefolge sich mehr als 100 Reisige befanden, mit dem Auftrag die Festsetzung im Kulmer Land zu betreiben und die Eroberung Preußens vorzubereiten. Sie waren bei der Erfüllung ihrer Aufgabe ganz auf sich allein gestellt, denn Hilfe durch den Herzog Konrad war dabei nicht zu erwarten. Der Herzog Leschek von Polen war 1227 ermordet worden. Über die vormundschaftliche Verwaltung seines Landes gerieten Konrad von Masowien und Herzog Heinrich von Breslau in Streit, der in einen Krieg zwischen den polnisch-masowischen Brüdern ausartete. Konrad unterlag mehrfach und rief „von Rache entbrannt" die Litauer, Prußen und Samaiten ins Land, die dann schrecklich in Polen hausten. Wir verdanken diesen Bericht dem polnischen Geschichtsschreiber Boguphal, der leider nicht erklärt, aus welchen Gründen die „Prußen" plötzlich Verbündete Konrads wurden. Vielleicht waren es nur wenige prußische Edelleute, die sich gerade aus anderen Gründen bei den Litauern oder den Samaiten aufhielten und mit ihnen in den Kampf zogen.

An der Weichsel, in der Nähe der späteren Stadt Thorn stand eine mächtige Eiche mit einer weit ausladenden Krone. Nachdem das gewaltige Geäst festungsartig ausgebaut war, „Burg Vogelsang" wurde der Baum von den Ordensrittern genannt, wurde sie zum ersten Standort der Ritter bis die Burg Nessau am Weichselstrom errichtet war. Kaum war der Bau dieser Burg vollendet, als die Prußen, irritiert durch den Burgenbau, ins Kulmer Land einfielen. Da erblickten sie zum ersten Male die Ordensritter in ihren weißen Ordensmänteln und waren darüber verwundert. Ein gefangener Masowier erklärte den prußischen Reitern, daß diese tapferen Ritter aus Deutschland gekommen seien, um den unbeugsamen Mut der Prußen der Römischen Kirche zu unterwerfen. Die Prußen sollen darauf mit Hohngelächter geantwortet haben, sie hätten die Ritter in ihren weißen Mänteln zunächst für Frauen gehalten, und seien fortgeritten. Eine durchaus verständliche Reaktion, denn sie wollten den Papst ja auch nicht zum Anbeter der prußischen Götter machen, und Eroberungsgelüste hatten sie noch nie verspürt.

9.2. Der Kampf um die Freiheit
Erste Berührungen des Ordens mit Prußen

Bei den ersten Begegnungen mit Herzog Konrad hatte Hermann Balk den unzuverlässigen Charakter des Masowierherzogs sowie dessen Handlungsweise gegen seine nächsten Verwandten kennengelernt, und dieses alles hatte sein Mißtrauen wachgerufen. Da in den früheren Verträgen nur allgemein vom „Kulmer Land" die Rede war, ohne seine Grenzen zu beschreiben, drang Hermann Balk, gewitzt durch die Erfahrungen mit dem ungarischen König, darauf, die früheren Verträge genauer zu präzisieren. Nach einer Reihe von Vorhandlungen, die den entstandenen Argwohn des Landmeisters bestätigten, kam es dann 1230 zu dem endgültigen Vertrag, dem Vertrag von Kruschwitz, der die Grenzen des Kulmer Landes mit Ortsangaben genau festlegte und zur Anerkennung des alleinigen Besitzrechtes des Ordens auf alle Gebiete die dieser noch erwerben würde.[32)] Die Grenzen des Kulmer Landes werden als zwischen der Weichsel im Westen, der Ossa im Norden und der Drewenz im Osten und Süden gelegen bezeichnet. Immer wieder versuchten sowohl Konrad als auch der Bischof Christian Beeinträchtigungen der Vertragsbestimmungen gegen den Orden durchzusetzen. Vor allem das Charakterbild des Bischofs erfährt in Bezug auf Aufrichtigkeit deutliche Abstriche. Der Dobriner Orden war ja sein Werk, und dessen Niedergang war mit dadurch verursacht, weil der Bischof, nachdem er das Intrigantentum deutscher Bischöfe jener Zeit kennengelernt hatte, zunehmend negativen Einfluß auf die Aktionen der Dobriner Brüder nahm und sie sich botmäßig zu machen suchte. Das gelang ihm nun nicht bei dem Deutschen Ritterorden. Leider wich er bis zu seinem Tode nicht mehr von dieser Linie ab. Anders verhielt sich der Bischof Günther von Ploczk mit Zustimmung seines Kapitels, indem er auf alle Vorrechte im Kulmer Land zugunsten des Ordens freiwillig verzichtete[33)] und die Verträge zwischen dem Herzog von Masowien und dem Orden anerkannte. So war das ganze Kulmer Land Eigentum des Ordens und Ausgangsbasis für die bevorstehende Auseinandersetzung mit dem Volk der Prußen, die nur mit dem Niedergang eines der beiden Kontrahenten enden konnte; denn bei der Aufgabenstellung, die der Orden sich selbst zugewiesen hatte, konnte es keine andere Alternative geben.

In einer Zeit, in der große Volksmassen durch das Mittel der Kreuzzüge von Kontinent zu Kontinent bewegt wurden, fällt es kaum noch auf, daß der Papst Gregor IX. einen solchen propagierte indem er 1232 an die Böhmen schrieb und ihnen mitteilte, daß „mehr als fünftausend Christen bei den Prußen in schmählicher Gefangenschaft schmachteten und auf Befreiung warten", in den Nachbarländern Preußens „mehr als zehntausend Dörfer, Klöster und Kirchen verbrannt" und „über zwanzigtausend Christen einen schmachvollen Opfertod von heidnischer Hand gestorben seien." Bedauerlicherweise gab es damals weder Telefon, Telegraf noch Zeitungen oder auch Funk und Fernsehen, mit deren Hilfe man solch eine Verlautbarung als blühenden Unsinn hätte entlarven können. Aus dem Gebiet um Magdeburg, in dem man das Kreuz gegen die Prußen predigte, strömten allein gegen füntausend waffentragende Männer zusammen und zogen unter Führung des Burggrafen Burchard von Magdeburg, der zuvor den Kaiser Friedrich II. auf seinem Kreuzzug nach Palästina begleitet hatte, zu heilsamer Tat an die Weichsel. Mit im Zuge waren aber auch die ersten Siedler, die sich dort, wo kurz darauf die Stadt Thorn entstand, in den fruchtbaren Weichselauen niederließen. Im gleichen Jahre gründeten andere Siedler die Stadt Kulm im Schutze der gleichnamigen Burg.

Hermann Balk hielt es für erforderlich zur Verstärkung der Verteidigung gegen mögliche Angriffe der Pomesanier eine dritte Burg an der alten Nogat zu bauen. Er ließ das für den Burgenbau benötigte Material: Holz, Ziegel und Eisen vorbereiten und weichselabwärts bis in Höhe der heutigen Stadt Marienwerder fahren, dort veranlaßte er zum Schutz der Arbeiten die Errichtung einer starken Wehrburg. Er bemühte sich auch, den Städten eine bürgerliche Verfassung Verfassung zu geben. Das geschah nach Beratung mit Burchard von Magdeburg und weiteren Ordens- und weltlichen Rittern hinsichtlich der Festlegung der Rechte und Pflichten, der Freiheit und Dienstbarkeit der Bürger dieser Städte in der sogenannten „Kulmer Handfeste". Die Bürger der Städte Kulm und und Thorn erhielten am 28.12.1232 unter anderem darin folgende Rechte:

1. Die Bürger wählen aus ihrer Mitte alljährlich ihre obrigkeitlichen Personen und ihre Richter.

2. Der Orden genehmigt nur solche Personen, die von den Bürgern gewählt waren und den Absichten des Ordens entsprechen.

3. Beiden Städten wird innerhalb ihrer festgelegten Grenzen freies Jagdrecht und freier Fischfang zugebilligt.

4. Die Bürger beider Städte erhalten das Recht der Fähre über die Weichsel.

5. In Gerichtssachen soll das Verfahren nach dem Magdeburgischen Recht geordnet werden.

Ferner wurden noch weitergehende Bestimmungen über Erbrecht, über Erwerb von Grundstücken, von Häusern und Regelungen für den Fall des Kriegsdienstes und das Maß für Abgaben der Bürger an den Orden festgelegt: 1 Kölnischer Pfennig wurde gleichgesetzt mit 5 Kulmischen Pfennigen und zwei Mark-

Gewichten Wachs. Für den Handel und Wandel im Lande wurde die Einführung der kulmischen Münze von besonderer Wichtigkeit: Sechzig Schillinge sollten auf eine Mark Silber kommen. Ferner sollte auf jeden deutschen Pflug ein Scheffel Weizen und ein Scheffel Roggen nach Kulmischem Maß und von jedem polnischen Pflug oder Haken ein Scheffel Weizen jährlich an den Bischof als Zehnter geliefert werden. Dafür konnten die Bürger sicher sein, daß ihnen der Orden Schutz gewährte, wenn ihnen Unrecht drohte.

Die Kulmische Handfeste wurde für die künftige Entwicklung im Prußenland von großer Bedeutung, verkörperte sie doch das Prinzip einer lebenswerten bürgerlichen Ordnung, die auch in die noch zu gründenden Städte in Preußen einfließen sollte. Freiheit und Gehorsam, Rechte und Pflichten, Gaben und Leistungen wurden in ihr in einer für den Bürger annehmbaren Form festgelegt, aus der später das so oft zum Vorbild genommene Kulmische Recht hervorgegangen ist.

Nach der Auffassung der damals Regierenden aber hatten zuvor das Schwert und das Kreuz die Unterdrückung des „finsteren Heidentums" zu leisten. Bis zum Ende des Jahres 1233 sammelten sich unter den zumeist slawischen Herzögen Konrad, Casimir, Wladislaus von Großpolen, Svantepolc von Pommern eine Streitmacht von über 15.000 Kriegern, die durch das noch an der Weichsel befindliche Aufgebot des Markgrafen Burchard von Magedeburg auf über 20.000 Streiter anwuchs. Ermutigt durch das Dasein solch starker Kräfte nahm der Bischof Christian unter dem direkten Schutz eines großen Trupps geübter Kriegsleute seine Missionsversuche durch Predigt und Taufe bei den Prußen im Gebiet der Pomesanier wieder auf. Aber nach einer Reihe von Tagen wurden sie plötzlich von einem stärkeren Prußentrupp überfallen, die bewaffneten Begleiter bis auf den letzten

Mann niedergemacht und der Bischof als Unbewaffneter in Gefangenschaft genommen und ins Landesinnere gebracht. Nun würde jeder Unvoreingenommene als sicher geltend annehmen, daß der Orden und die ihm zur Verfügung stehende Streimacht alles Notwendige unternommen hätten, um den Bischof zu befreien. Dem war aber nicht so. Vor allem der Orden hatte keine besondere Eile, die Befreiung des Bischofs als vordringliche Maßnahme anzusehen. Der Bischof Christian hatte nehrfach die Ansicht geäußert, daß dort, wo seine Predigt die Taufe des Volkes bewirke und die Menschen der Kirche gewinne, auch nur die Kirche und damit ihr Bischof das Gebot von Macht und Herrschaft ausüben dürften, nicht jedoch der Ritterorden. Die zögernde Haltung des Ordens wirkte sich naturgemäß auf das Verhalten der Kreuzugsteilnehmer aus, so daß im Jahre 1233 keine Kampfhandlungen aufgenommen wurden. Erst als im Winter zu Anfang 1234 die feuchten Niederungen der Weichsel und ihrer Nebenflüsse gefroren waren, setzte sich das vereinigte Heer der Kreuzfahrer in Bewegung, doch ohne den Burggrafen von Magdeburg; der war inzwischen nach Deutschland zurückgekehrt. Nach ersten Kampfhandlungen im Gebiet von Resen kam es in der Nähe eines den Prußen heiligen Waldes an der Sirgune zum ersten größeren Aufeinandertreffen der beiden feindlichen Heere. Der erbittert geführte Kampf, der auch am nächsten Tag noch mit dem Kampf um eine Burg fortgesetzt wurde, ging für die Prußen verloren. 5.000 ihrer Kämpfer mußten das Leben lassen aber auch die Eindringlinge verloren über 4.000 Streiter. Diese Zahlen werden übereinstimmend von drei bedeutenden Chronisten[34] genannt. Über die taktische und politische Bewertung dieser Schlacht hinaus, hatte sie auch eine moralische Bedeutung: Der Christengott hatte über die im nahegelegenen heiligen Wald wohnenden Götter gesiegt. Das Vertrauen der Prußen auf deren

Kraft und Stärke war erschüttert. Doch die erbitterte Kampfesweise der Pomesanier hatte den Fürsten des Ordensheeres den Mut genommen, weiter ins Land einzudringen. Sie zogen sich in den Süden des Kulmer Landes oder in ihre heimatlichen Gebiete zurück. Zwischenzeitlich war der Bischof Christian wieder freigekommen. Kaum war die Kunde vom Rückzug des Kreuzfahrer-Heeres zu den Prußen gedrungen, als sie einen starken bewaffneten Haufen in Marsch setzten, um den Pommernherzog Svantepolc in Bedrängnis zu bringen und für seinen Verrat zu bestrafen. Sie setzten über die Weichsel und verwüsteten das Land; Danzig konnten sie zwar nicht einnehmen, weil es von einer zahlenmäßig ebenbürtigen Streitmacht verteidigt wurde; aber das Kloster Oliva, von dem der gegen die prußischen Götter gerichtete geistige Impuls ausgegangen war, und das der Papst unter den besonderen Schutz des Apostels Petrus genommen hatte, bekam abermals die Rache der Prußen zu spüren. Es wurde durch Feuer dem Erdboden gleichgemacht. Die Verteidiger und ein Teil der Mönche wurden erschlagen.

Hermann Balk, der Landmeister, ließ nun eine vorhandene, von den Prußen nicht mehr besetzte Burg, beträchtlich ausbauen und mit starken Verteidigungskräften besetzen. Gleichzeitig legte er im Schutze dieser Burg die Gründung einer Stadt an und privilegierte ihre Bewohner. Stadt und Burg Rheden wurden zu einem Eckpfeiler für das weitere Vorgehen des Ordens.

Dieser und Konrad von Masowien gerieten jedoch über der geplanten Vereinigung des Dobriner Ritterordens mit dem Deutschen Ritterorden in Streit, vor allem aus dem Grunde, weil der Dobriner Orden die umfangreichen Landschenkungen Konrads in die Vereinigung mitnehmen wollte. Dieser Streit, der jedoch zugleich auch ein Streit kirchlicher Würdenträger war, konnte nur dadurch geschlichtet werden, daß Papst Gregor durch seinen Legaten Wilhelm von Modena einen Vermittlungsvorschlag machte, der in seiner Ausführung dem Deutschen Ritterorden nur Vorteile brachte. Der begab sich zwar in ein Lehensverhältnis zum Papst; Angriffe auf den Orden, wie die des Masowierherzogs, waren nun solche auf das Oberhaupt der christlichen Kirche. Der Papst zögerte nicht, den Masowierherzog in seine Schranken zu weisen und den Orden unter seinen Schutz zu nehmen. Das Schreiben des Papstes an die Bischöfe von Masowien und Kujawien in dem er seine Haltung zum Ausdruck brachte, ist datiert vom 9.9.1234. Auch für die noch wenigen neubekehrten Prußen hatte er ein aufmunterndes Wort, in dem es heißt: „....achtet auf die frommen Ermahnungen und Beispiele des Meisters und der Brüder des Hospital der heiligen Maria, unsere geliebten Söhne, welche die eitle Lust der Welt verlassen, um durch Tugend des himmlischen Reiches Freuden zu erwerben..., daß unter solcher Einigkeit des Willens im Glauben, ihr dereinst alle im Reiche der Seligen ruhet." [35]

Von besonderem Interesse sind die Äußerungen des Papstes zugunsten des Deutschen Ritterordens in seinen Anweisungen an den Bischof von Merseburg (13.6.1234) und den Erzbischof von Köln (14.6.1234) und darüber hinaus in einer Bulle an alle Erzbischöfe, Bischöfe und Prälaten der Kirche (10.2.1235), daß alle, die in den Orden einzutreten beabsichtigen und wegen gewalttätiger Handlung, wegen Raub und Brand mit dem Bann bestraft seien, von dieser Schuld losgesprochen seien „sofern den Benachteiligten der erlittene Schaden gut getan sey." [36]

Auch in die Ritterschaft kam noch einmal Bewegung. Im Jahre 1235 vereinigten sich die Dobriner Ritter mit dem Deutschen Ritterorden: Der Meister der Dobriner jedoch und einige der Ritterbrüder vollzogen diesen Schritt nicht, sondern unterstellten sich Konrad von Masowien. Sie sind wenig später sang- und klanglos im Grenzkrieg im Osten Polens untergegangen. Im Krieg zur Eroberung Pomesaniens wurden Burgen der Prußen nacheinander belagert und erstürmt, die Verteidiger erschlagen oder gefangengenommen. Wer sich freiwillig ergab, dem wurde Schonung gewährt, er wurde aber sofort von den Priestern getauft und in die christliche Lehre eingeführt. Die Kunde von der gewährten Schonung verbreitete sich schnell bei den Pomesaniern, und da ihre eigenen Götter sich als kraftlos erwiesen hatten, kamen sie oft unter Anführung ihrer Edelleute aus den Wäldern und ließen sich taufen, natürlich unter Zusicherung künftiger Loyalität gegenüber dem Orden. Auf diese Weise wurde der Prußengau von dem Orden unterworfen. Großen Anteil an diesem Erfolg hatte der Markgraf von Meißen, dessen Tapferkeit und militärische Führungskunst von Freund und Feind gerühmt wurden, dessen Gerechtigkeitssinn und Milde nachhaltigen Eindruck hinterließen, so daß die Prußen bald Zutrauen zu ihm faßten.

Nach der Rückkehr des Markgrafen Heinrich von Meißen nach Deutschland, zum einen, weil die Frist seines Gelübdes abgelaufen war, und zum anderen, weil die Verhältnisse in seinem Land nach seiner Anwesenheit verlangten, wurde die Eroberung Pogesaniens durch den Landmeister begonnen. Dieser profitierte von der vorausschauenden Planung des Markgrafen, und er konnte sich in seinen Kampfhandlungen auf die im Prußenland verbliebene disziplinierte Streitmacht des Markgrafen stützen. 1237 wurde Elbing gegründet und mit einer schützenden Burg versehen. Wesentlichen Anteil an den Kampfhandlungen hatten zwei Kriegsschiffe, die der Markgraf bauen ließ, sie stellten die Verbindung zur Küste des Frischen Haffs her. Von wachsenden

Zweifeln an der Macht und der Stärke ihrer Götter heimgesucht, verloren die Pogesanier allmählich den Mut. Auch von ihren Nachbarn, den Warmiern und den Barten, erhielten sie keine Hilfe. Sicher schätzten diese den Angriff des Ordens im Vergleich mit den auf persönliche Bereicherung zielenden Angriffen des Masowierherzogs falsch ein, sowohl in der Zielsetzung als auch in der zeitlichen Dauer. Bisher hatte der Freiheitswille der Prußen hinlänglich Kräfte geweckt, um die Attacken der Masowier abzuweisen. Jetzt sahen sie sich einer neuen Taktik gegenüber, die sie verwirrte. Auch die gerechte und von Vernunft geprägte Behandlung der Neubekehrten durch den Orden hinterließ einen starken Eindruck auf ihre noch nicht unterworfenen heidnischen Brüder. Mit großem Respekt erfüllte es sie, daß die Brüder des Ordens kranke und verwundete Prußen ohne Ansehen der Person in ihren Hospitälern aufnahmen und gesund pflegten. Es war vor allem die menschenfreundliche Behandlung mit der sich die alten Landesbewohner konfrontiert sahen. Sie gaben nach und nach ihre ursprüngliche Meinung, daß aller Segen nur von den heimischen Göttern komme, auf und öffneten sich dem Glauben an den Gott der Christen, dessen oberstes Gebot Nächstenliebe und Milde war. Diese Entwicklung wurde 1237 durch das Auftreten der Pest unterbrochen. Wahrscheinlich wurde sie „durch die Pilgrime aus Deutschland herbeigebracht". Über ein Jahr dauerte diese Geißel der Menschheit und führte dazu, daß viele Prußen vom Tode hingerafft wurden. Das machte vor allem Neubekehrte schwankend, sie fielen zwar nicht immer vom Christentum ab, verehrten jedoch wieder die alten schützenden Götter. Der Orden war bemüht, die Menschenverluste auszugleichen und neue Siedler heranzuziehen. Es meldeten sich dabei auch polnische Ritter[37], die mit den chaotischen Verhältnissen in ihrem Lande unzufrieden waren, zur Ansiedlung; sie wurden im wesentlichen den deutschen Siedlern gleichgestellt. Auch Pommern meldeten sich zur Ansiedlung. So kam es, daß vor allem in Pomesanien Angehörige mehrerer Völker beieinander wohnten: Prußen, Pommern, Deutsche und Polen. Aber die Pest hatte auch noch andere Wirkungen. Viele der Neubekehrten übersahen, daß die empfangene Taufe kein Allheilmittel war. Viele starben an dieser in Auswirkung und Verlauf verheerenden Seuche. Sie suchten nun wieder Trost und Hilfe bei ihren alten Göttern.

Die Kunde hiervon erregte den stellvertretenden Landmeister des Ordensgebietes, Hermann von Altenburg, eines fanatischen christlichen Mannes, der in blindem Glaubenseifer alles, was an das Heidentum in Prußenlande erinnerte, ausrotten ließ. Er ließ den Neubekehrten nachspüren und als ihm gemeldet wurde, die Bewohner eines ganzen Prußendorfes seien abgefallen und hätten Perkunos und Potrimpos geopfert, ließ er die ihm unterstellten Ritter über das Dorf herfallen, es anzünden und Bewohner und Prußenpriester in den Flammen umkommen. Die Abscheu über diese Handlungsweise und die Erbitterung bei den Prußen waren groß, und viele Neubekehrte fielen vom christlichen Glauben wieder ab, und der Haß auf die Ordensritter wuchs von Tag zu Tag. Was durch die Nachsicht und das Verständnis Hermann Balks in Jahren an Vertrauen und allmählicher Hinneigung gewachsen war, wurde durch diesen engstirnigen Mann in wenigen Tagen zerstört. Gerade in jener Zeit geriet die später so berühmte Burg Balga zum ersten Male in die Schlagzeilen der damaligen Weltpolitik. Hermann Balk hatte seinem Vertreter im Amt aufgetragen die nächstgelegenen Landschaften Ermland, Natangen und das Barterland zu erkunden und für die spätere Gewinnung vorzubereiten. Die beiden Kriegsschiffe, die damals auf dem Drausensee ankerten, wurden mit Proviant und

Waffen und dem dazugehörigen Kriegsvolk beladen. Man segelte an der Küste nach Norden entlang und entdeckte auf dem erhöhten Ufergelände eine Burg, die Burg Balga. Die Ritter und ihre Mannschaft gingen an Land und nahmen die Burg in Augenschein. Doch für ihre Erstürmung oder Belagerung war man nicht ausgerüstet. Aber in der Nähe lagen ja Dörfer, die zu Raub und Plünderung einluden, vielleicht konnte man auch die Burgbesatzung ins Freie locken und zur Schlacht stellen. So wagte man sich immer weiter ins Land und entfernte sich von den Schiffen. Währenddessen hatten sich die geflüchteten Dorfbewohner zusammengerottet und fielen wie ein Blitz über die Plünderer her. Die Schlag- und Wurfkeulen der Prußen besiegten in einem erbitterten Kampf die Schwerter und Schilde der Ritter und ihrer Kriegsleute, von denen keiner lebend von der Stelle kam. Nur die Schiffswachen, die mit ihren Schiffen eiligst nach Süden segelten, kamen mit dem Leben davon und konnten den Ordensoberen das Geschehene melden. Hermann Balk, der Landmeister, kehrte eiligst aus Livland zurück und ordnete sowohl die örtlichen Verhältnisse wie auch die übergeordneten des Ordens in der damaligen Regionalpolitik mit den pommerschen und polnischen Herzögen. Danach wurde er von Hermann von Salza nach Deutschland zu einer wichtigen Beratung mit anderen Ordensgebietigern gerufen, nicht ohne vorher Hermann von Altenburg von seinem Amte enthoben zu haben und mit auf die Reise nach Deutschland zu nehmen. Mit seiner Vertretung in Preußen beauftragte er den Ordensritter Friedrich von Fuchsberg, der eine großzügigere Haltung den Prußen gegenüber an den Tag legte. Die für den Orden und zur Lösung ihrer Aufgaben so klugen und geschickten Männer haben das folgende Jahr nicht überlebt. Beide starben im Abstand von nur wenigen Tagen, Hermann Balk am 5.März 1239 und Hermann von Salza am 20.März 1239. Während Hermann Balk

nach kurzem Krankenlager verschied, mußte Hermann von Salza sich lange ohne die Aussicht auf eine baldige Genesung von italienischen Ärzten behandeln lassen. Mit ihm starb einer der bewegenden Köpfe seiner Zeit, lange hat er zwischen Kaiser und Papst vermittelt, beide nahmen seinen Rat gern an, wußten sie doch, daß ein lauterer, nicht auf Eigennutz bedachter Charakter aus ihm sprach.
Es kommt in der Geschichte der Völker nicht oft vor, daß in ihren Führern sich folgende Eigenschaften finden und sie zu gestaltenden Persönlichkeiten machen: Ein überragender Geist, klares Denken und klarer Verstand, Festigkeit und Zielstrebigkeit, hoher Gerechtigkeitssinn und ein unbestechlicher Charakter zeichneten sie beide aus und ließen sie zu großen Führerpersönlichkeiten neben Kaiser und Papst werden. Hermann von Salza war frei von Selbstsucht, Herrschaftsbegierde und falschem Stolz, frei von persönlichen Fehltritten. Mit seinem Gelübde zur Entsagung der Welt, zur Armut und des Gehorsams vor Gott machte er Ernst und das auf beispielgebende Weise.
„Selten hat sich die Tapferkeit des Ritters, die Geistesgröße des Staatsmannes, die Tugend und Frömmigkeit des Christen, der Seelenadel des Menschen in solchem Einklange in einem Manne zusammengefunden und so innig und tief durchdrungen und so herrlich im Leben offenbart. [38]
Zu seinem Nachfolger wurde von den Gebietigern mit den Stimmen aller Anwesenden der Landgraf Conrad von Thüringen gewählt, der schon fünf Jahre lang den weißen Ordensmantel trug. Conrad war der drittgeborene Sohn des Landgrafen Hermann I. von Thüringen und ein Schwager der später heilig gesprochenen Landgräfin Elisabeth. Landmeister in Preußen wurde der Ordensritter Heinrich von Wida. Die Ordensritter hatten die schmachvolle Niederlage bei Balga nicht vergessen. Der Ordensmarschall Dietrich von Bernheim rüstete und zog bald darauf mit einem

großen Aufgebot an Kriegsleuten vor die Burg. Die Bewohner der umliegenden Dörfer erschraken über die gewaltige Kriegsmacht und flohen in die Wälder. Die ersten Angriffe auf die zu Wasser und zu Lande einge-schlossenen Burg schlugen fehl, denn die Verteidiger, von dem Edlen Prußen Kodrune wohl geordnet und disziplinvoll geführt, verteidigten sich tapfer und geschickt. Der Ordensmarschall beschloß nun, die Burg so lange zu belagern, bis es der Besatzung an Nahrungsmitteln gebrach. Doch eines Tages erschien Kodrune im Lager der Ritter und wurde vor den Ordensmarschall geführt, um die Bedingungen für die Einstellung des Kampfes und die Übergabe der Burg zu erfragen. Dietrich von Bernheim forderte, die Besatzung solle die Waffen niederlegen und sich taufen lassen. Kodrune antwortete: „Lieber werden die Männer auf der Burg bis auf den letzten sterben."[39] Er kannte die Seinen und verlor allen Mut. Doch die Ritter redeten ihm gut zu, er solle doch versuchen, die Übergabebedingungen zu vermitteln. Kodrune erhob sich still und ging in die Burg zurück. Er versuchte die Notwendigkeit der Übergabe zu erklären; doch kaum hatte er die Forderungen der Ritter nach Annahme des Christentums ausgesprochen, als ihn die Nächststehenden mit ihren Keulen niederschlugen, ihn einen Verräter nennend. Doch bei den folgenden Stürmen der Belagerer fehlte der umsichtige Anführer und schließlich verloren die Prußen mehr und mehr ihre Kräfte. Sie wurden überrannt und verloren den Kampf, nur wenige überlebten schwer verwundet. Der Ordensmarschall erkannte die einzigartige Lage der Burg, ließ sie sofort wieder in Stand setzen und legte eine starke Besatzung in sie. Balga sicherte hinfort die Schiffahrt auf dem Frischen Haff und konnte zum Ausgangspunkt für die Unterwerfung der östlichen Prußenstämme werden. Doch damit sollte es noch eine gute Weile haben. Die Kunde vom Fall Balgas, nach Meinung der Prußen eine uneinnehmbare

Festung, verbreitete sich bald im Lande Warmien. Erbitterung ergriff sie, und der Ruf nach Rache ließ alles was Mann war, zu den Waffen greifen. Piopso, der Landeshauptmann von Warmien, hielt vor dem versammelten Volk eine Rede, in der er es beschwor, in der drohenden Gefahr zusammenzustehen und auf die Hilfe der Götter zu vertrauen. So zogen die Warmier, ihrer Sache sicher, vor Balga, um die Feste zurückzugewinnen. Aber Piopso wurde unter der Burg von einem Bogenschützen tödlich in den Hals getroffen, und der Schrecken über den schnellen Tod seines Führers ergriff das Volk. Zweifel an der helfenden Kraft der Götter kamen wieder auf und unsicher geworden, zogen sie sich in die Wälder zurück. Vielleicht ist in diesem Geschehen der Same der Verzagtheit vor allem bei den Edlen des Volkes gelegt worden, die zunehmend in Erscheinung trat. Aber noch war auch der Wille zum Widerstand gegen die Eindringlinge vorhanden, der sich vor allem um das Geschlecht der Glottiner kristallisierte. Die Befestigungsarbeiten an der Burg waren in der nächsten Zeit die tägliche Arbeit der Ordensleute. Aber kaum waren diese zu Ende geführt, als auch schon ein riesiges Aufgebot an bewaffneten Prußen heranzog, und die Burg vor allem im Süden umgab. Die Mühle, die die Ritter festungsartig ausgebaut hatten, wurde nach kurzem heftigen Kampfe genommen. Dann ließen die Prußen sich Zeit, sie bauten im Anschluß an das Moor, das die Burg von Osten umgab, eine Wehrburg, ohne daß die Ritter hier eingreifen und die Arbeit behindern konnten. Immer näher rückte die „Stunde der Abrechnung", wie die Prußen sagten. Dem Heeresaufgebot der Warmier hatten sich inzwischen auch Teile der Natanger angeschlossen. Die Ritter dachten schon daran, Balga zu verlassen und durch Brand zu zerstören. Doch wieder einmal verfuhr das Schicksal nicht nach Plan, es bediente sich einer Unwägbarkeit, die ausschlaggebend wurde. Der Wachsamkeit der Prußen entging ein kleines Boot auf dem Haff, das einen Boten des Herzogs Otto von Braunschweig mit der Kunde vom Herannahen eines Entsatzheeres überbrachte. Nun machten die Belagerten in der Burg einen Plan, wie man am besten die prußischen Belagerer angreifen und besiegen könne und sie ließen den Boten des Herzogs zurückkehren, um diesem den Plan mitzuteilen.

Zur Besatzung der Burg gehörte Pomande, ein getaufter Pruße, der sich von seinem Volk losgesagt hatte. Dieser Pomande erklärte sich bereit, die Belagerer unter dem Vorwand aufzusuchen, daß er wieder zu ihnen zurückkehren und mit ihnen kämpfen wolle. Nun erzählte er den Belagerern, daß die Ritter in der Burg von der Belagerung und dem Hunger so ermattet seien, daß sie als Kämpfer nicht lange durchhalten würden. Sie wollten den Zustand aber nicht offenbaren, zumal sie einige Hilfe aus Deutschland bekommen würden. Die Prußen möchten darum ihr Kriegsvolk aus Warmien, Natangen und dem Barterland schnellstens herbeiholen. Ihm sei die Wache in der Burg anvertraut, und er wolle ihnen, seinen früheren Freunden, das Zeichen geben, wann die Ritter aus der Burg ins freie Feld reiten würden, um sich mit den Prußen zu messen. Mit den vom Hunger Ermatteten würden sie leichtes Spiel haben. Pomande ritt in die Burg zurück, und die Prußen boten aus der benachbarten Landschaft alle wehrfähigen Männer auf. Inzwischen hatte Herzog Otto die Nachricht erhalten und während der Nacht einen Teil seiner Truppen im Ufergebüsch sich verbergen lassen. Die Prußen zogen mit all ihrer Kriegsmacht vor die Burg, das Zeichen Pomandes erwartend. Das Zeichen kam, die Burgtore öffneten sich, und die Ritter zogen aus der Burg den Prußen entgegen. Bald war der Kampf in vollem Gange und als die Prußen das Ermatten des Gegners erwarteten, sahen sie plötzlich in ihrem Rücken die Streitmacht Herzog Ottos auftauchen. Die Reihen der kämpfenden Prußen gerieten in Verwirrung und schließlich in Unordnung. Mit dem Mut, dessen sie in der Verzweiflung noch fähig waren, unterlagen sie nach erbitterten Kampf den Rittern und deren Hilfstruppen. Wer von ihnen zu flüchten versuchte, blieb im Sumpf oder Morast stecken. Von der großen Streitmacht der Prußen blieb kaum etwas übrig. Auch ihre Wehrfeste in der Nähe Balgas wurde von den Rittern bezwungen und eingenommen.

Otto von Braunschweig blieb mit seiner Kriegsmacht noch ein ganzes Jahr in und bei der Burg Balga. Von hier aus machten sie ihre bewaffneten Streifzüge ins Barterland, nach Natangen und nach Warmien. Da die meisten wehrfähigen Männer aus den Prußendörfern vor Balga gefallen oder verwundet heimgekommen waren, versprachen ihre Frauen, die Greise und Jünglinge dem Orden Gehorsam und sich taufen zu lassen. Manche Dörfer mußten Knaben und Jünglinge als Geiseln stellen. Vom Herzog erhielten sie das Versprechen, daß ihnen ihr Landbesitz erhalten bliebe und ihre persönliche Freiheit nicht angetastet würde. Zur Sicherung seines Sieges baute der Orden Burgen in den Landschaften Warmiens, Natangen und des Barterlandes. Daß diese nach militärischen Gesichtspunkten geplant und errichtet wurden, dafür sorgte der Orden. Manchmal nutzten sie auch bei dieser gestellten Aufgabe vorhandene Burgen wie Waistote-Pil oder Wallewona, die ehemals Burgen der Prußen waren.

Bei den Bewohnern des Landes, nachdem sich erste Bestürzung und Trauer um die im Kampf Gebliebenen gelegt hatte, machte sich der Geist der Erbitterung, des Hasses und der Feindschaft breit. Für die Güter und den Landbesitz, die man zuvor frei und ohne Abgaben nutzen konnte, mußten nun Abgaben an den Orden geleistet werden. Man sah, daß Mönche und Priester das Volk lehrten, aber was war das gegen den Dienst der Waidelotten, die man nun verdrängt

sah und denen Tod durch Verbrennung angedroht wurde, falls sie ihre frühere Tätigkeit wieder ausübten. Die zehn Gebote, das apostolische Bekenntnis, die Lehre von der Vergebung der Sünden und der Buße kamen aus einer für sie fremden Welt. Hinzu kam, daß manche der Ritter mit Strenge und Härte die Prußen behandelten, ja selbst die deutschen Siedler wurden bei Verteilung der Güter und des Landbesitzes dazu angehalten, den Prußen gegenüber auf Distanz zu gehen. Was konnte der Pruße an Hoffnung und Zuversicht in all das Neue setzen? Wie sollte er Vertrauen gewinnen, das doch die Grundlage eines gemeinsamen und zukünftigen Lebens war?
Anders war das Nebeneinander mit dem Herzog Svantepolc von Pommern geworden. Auch dieser fühlte sich nach dem Friedensschluß vom Orden betrogen und hinters Licht geführt. Es ist nur natürlich, daß ein Volk, das um seine Freiheit kämpft oder sie wiedergewinnen will, nach jedem Strohhalm greift um sie wiederzuerlangen. Und die Prußen wollten die alte Herrlichkeit in Freiheit wieder herstellen. In einem großen Sturm wurden die Ritter auf ihre Burgen in Elbing, Kulm und Thorn 1248 zurückgeworfen. Viele und schreckliche Grausamkeiten wurden auf beiden Seiten verübt. Bei einem bewaffneten Zug nach Natangen im gleichen Jahre zogen die Ordensritter eine blutige Spur. Auf ihrem Rückweg, den sie über Balga nehmen wollten, wurden sie von ergrimmten Prußenhaufen angegriffen, geschlagen und bei dem Dorfe Krücken, südlich von Kreuzburg, eingeschlossen. Sie ließen sich in Unterhandlungen mit den Prußen ein und stellten Geiseln. Die Prußen aber hielten sich nicht an die Abmachungen, überfielen die abziehenden Ritter und machten sie nieder. 54 Ritter und das begleitende Kriegsvolk mußten ihr Leben lassen. Dem Hauskomtur schlugen sie das Haupt ab und sollen einen anderen Ritter mit dem herausgeschnittenen Nabel an einen Baum genagelt haben, bis die

Eingeweide aus dem Bauch herausgezogen waren und der Ritter tot zur Erde fiel. Keiner der Chronisten, aber der Mönch Simon Grunau erzählt diese Schauergeschichte. Man kann annehmen, daß seine Vorliebe für die Wiedergabe von dramatischen Ereignissen mit der Phantasie des wandernden Mönchs auch in dieser Geschichte durchgegangen ist.

Christburger Vertrag

Fast 20 Jahre kämpften die Prußen-Stämme um ihre Unabhängigkeit. Zum Schluß erlagen sie, in ihrer Volkssubstanz sehr geschwächt, dem Orden und fanden sich, obwohl sie kurz zuvor die Ordensritter bis nach Elbing und Thorn zurückgejagt hatten, zum Friedensschluß von Christburg bereit. Die unterworfenen Gaue Pomesanien, Pogesanien, Sassen, Warmien, Natangen und das Barterland, vertreten durch ihre Abgesandten, fanden sich zur Verhandlung mit dem Orden ein. In einem Dokument, das nur noch in einer Abschrift existiert, wurden die Bestimmungen für den Friedensschluß festgehalten. Der Abgesandte des Papstes, Jakob Pantaleon aus Troyes in Frankreich, späterer Papst Urban III., formulierte den Friedensvertrag, den man richtiger Friedensdiktat nennen sollte. Die hauptsächlichen Bestimmungen dieses Vertrages sind folgende:

1. Wer die christliche Taufe ablehnt, wird von seinem Eigentum verjagt.

2. Wer die alten Feste noch feiert, oder Heidenpriester versteckt, wird mit dem Tode bestraft.

3. Feuerbestattungen hoch zu Roß sind untersagt.

4. Den alten Bräuchen, u.a. dem Frauenkauf, der Vielweiberei und der Leichenverbrennung, sollte abgeschworen werden.

5. Verlangt werden: Regelmäßiger Kirchenbesuch, Heiligung der christlichen Feiertage, Teilnahme an der Beichte, pünktliche Ablieferung des Zehnten.
6. Beschleunigt sollen Kirchen gebaut werden: in Pomesanien 13, in Warmien 6, in Natangen 3.

Der Christburger Vertrag enthält aber auch die Klausel: „Wer, Landschaften oder Einzelperson vom Christenglauben wieder abfällt, der Kirche oder dem Orden den Gehorsam verweigert, der soll die versprochene Freiheit für immer verlieren".

Für die wenigen zu dieser Verhandlung geladenen Prußen unterschrieb der päpstliche Legat. Man darf mit Sicherheit annehmen, daß diese wenigen Prußen sich nicht darüber klar waren, daß damit ihr Todesurteil unterschrieben wurde. Die Zerstörung ihrer volklichen Identität war mit den Bedingungen dieses „Vertrages" festgeschrieben; aber das sahen die meisten nicht so. Als sich 12 Jahre nach dieser Vertragsschließung die Prußen zu ihrem großen Aufstand erhoben, erinnerte sich der Orden dieser Klausel und verfuhr danach.

Der „große Aufstand" sagte der Orden, in den Augen der Prußen war es ein Freiheitskampf, den sie zum großen Teil mit Hingabe und Opferbereitschaft mehr als zwanzig Jahre lang führten. Liebe zu ihrer angestammten Heimat und ein unabdingbarer Freiheitswille waren der Motor. Die Losung zum Handeln und zum Widerstand lief schnell von Dorf zu Dorf, und an einsamen Plätzen sammelte man sich. Eine militärische Organisation hatten die Prußen nicht, dennoch ist es staunenswert, mit welcher Schnelligkeit ihre Heerhaufen agierten und wie diszipliniert sich diese über Land bewegten, dabei ihre Nahrung und andere Hilfsgüter mitnahmen. Befestigte oder asphaltierte Straßen für die Durchführung ihrer

Marschbewegungen gab es damals nicht, sondern nur einfache unbefestigte Wege durch Heidelandschaften, Moore und durch Wälder und Verbindungswege zwischen den Dörfern. Sie hatten keinen Fuhrpark und keine Logistik, mittels derer ihre Kampfgruppen versorgt werden konnten, dennoch dauerte ihr Freiheitskampf über 20 Jahre.

Während der Orden seine Macht in den unterworfenen Landschaften auszubauen und zu befestigen suchte, gingen seine Planungen schon weiter und beschäftigten sich mit den Prußengauen die seiner Herrschaft noch nicht hatten gewonnen werden können. Galindien war fast ohne Schwertstreich erobert worden, nachdem es für kurze Zeit der Macht des Ordens abtrünnig geworden war. Wie in Galindien so suchte man auch im Samland einige der Vornehmsten und Edlen zu gewinnen. Man lockte sie durch die Gewährung von Begünstigungen. So wurden dem samländischen Edlen Ponato, umfangreicher Landbesitz zugewiesen. In diese Vorbereitung hinein erschien der Bischof Bruno von Olmütz, ein Abgesandter des Königs Ottokar von Böhmen mit einer Botschaft seines Herrn. Sehr feinsinnig hieß es darin „...auf daß in euch der Eifer erwache, euch die Lehre des Christentums zuzueignen und die heilige Taufe im Namen Jesu Christi des Erlösers zu empfangen. Um das Heil eurer Seelen zu gewinnen, sind wir entschlossen im künftigen Winter nach eurem Lande zu kommen und für euer Heil zu sorgen."[40] Es war wohl zu allen Zeiten so, daß Völker und ihre Menschen zu ihrem „Heil" eingeschüchtert oder unterworfen wurden. Der Orden änderte seine eigenen Vorbereitungen, denn die Hilfe des mächtigen Königs schien ihm sehr bedeutsam; er koordinierte seine eigenen Vorbereitungen mit denen Ottokars. Er sandte den Deutschmeister Eberhard von Sayn, der seine Reise 1251 begann, und ließ durch diesen wichtige kleine Reformen durchführen, die aber in ihrer Auswirkung das gesamte Ordensleben strafften. So sollten jedes Jahr am Kreuzerhöhungstag in Elbing ein Generalkapitel abgehalten werden, zu dem bei Vorliegen bedeutender Entscheidungen wenigstens 8 Ordensbrüder aus Balga und Christburg berufen wurden. Der Orden solle ein eigenes Convents-Siegel führen. Der Landmeister dürfe nur mit Zustimmung des Ordensconvents das Land verlassen, um in entfernte Gegenden zu reisen. [41)] Wichtiger aber scheint zu sein, daß er mit dem Auftrag kam, die Lebensweise und die sittliche Zucht der Ordensritter in den Ordenshäusern einer genauen und strengen Untersuchung zu unterziehen; eine wichtige Voraussetzung für eine Männergemeinschaft wie der Orden sie war, am Vorabend eines so bedeutenden Unternehmens wie die Unterwerfung des Samlandes und seiner Bevölkerung. Während der Zeit Eberhard von Sayns im Osten wurde auch Memel gegründet und mit einer Burg befestigt. Ursprünglich sollten Stadt und Burg Neu-Dortmund heißen und ihnen zugleich das Dortmundische Recht gegeben werden, weil es Deutsche aus Dortmund und Umgebung waren, die die erste Bevölkerung der Stadt ausmachten. Aus unbekannten Gründen erhielt Memel dann doch das Lübecker Recht. Bürger aus Dortmund siedelten gern in den Städten, die der Orden gründete, so vor alllem in Elbing.

Das Samland war auch noch aus einem anderen Grunde wichtig für den Orden, es war die Landbrücke zu den in Livland kämpfenden Schwertrittern, einem Zweig des Deutschen Ritterordens. Aber das Samland war sehr volkreich, dementsprechend konnte es im Falle der bewaffneten Auseinandersetzung viele Kämpfer zu Fuß und zu Pferde aufbieten.

Jung, mit raschem Geist begabt und tatenfroh war Ottokar, als er 1254 gelobte, in einem Kreuzzug dem

Deutschen Ritterorden zu helfen. An der Spitze einer ansehnlichen Streitmacht, die zumeist aus Böhmen, Mährern und Oesterreichern bestand, machte er sich im Dezember des gleichen Jahres auf den Weg in den Osten; denn zu dieser Jahreszeit waren das Land und die Flüsse zumeist gefroren und für die unabsehbaren Wagenladungen mit Ausrüstung, die eine solche Streitmacht mitführte, leichter begehbar. Unter den Rittern war auch Rudolf von Habsburg, der spätere Kaiser des deutschen Reiches und Ottokars Widersacher. Das Heer, das größte, das damals prußischen Boden betrat, vereinigte sich bei Elbing mit den Streitkräften des Ordens, zusammen waren es mehr als 60.000 Streiter. Sie stritten auch untereinander, die Kriegsleute aus Oesterreich und Sachsen, wenn es auch nur um die Benutzung einer Mühle ging, so daß der Bischof von Olmütz, der Vertraute Ottokars Frieden stiften mußte. Bei Balga wurde König Ottokar, ein alter Samländer mit Name Gedune, der großes Ansehen genoß, zugeführt. Der König richtete an ihn die Frage, ob die Samländer einer solchen Zahl von Kriegern widerstehen würden? Gedune, der noch nicht das ganze Heer gesehen hatte, beantwortete ohne zu zögern die Frage mit ja. Darauf zeigte ihm der König die doppelte Zahl von Streitern, fragte ihn erneut und erhielt die gleiche Antwort. Erst als Ottokar ihm das ganze Heer gezeigt hatte, soll Gedune sinngemäß geantwortet haben: „Es ist genug König, du wirst dein Ziel erreichen." Ottokar versprach dem prußischen Edlen eine Schar von Kriegern mitzugeben, die ihn sicher heimgeleiten sollte. Während Gedune sich noch wenige Tage in Balga aufhielt – für ihn waren die Eindrücke die er gewann, mehr als interessant, es war eine andere Welt, die sich ihm hier zeigte –, brachen Ottokars Scharen ins südliche Samland auf und zerstörten neben vielen anderen Häusern auch Gedunes und seiner Familie Besitztum. Natürlich war ein Ziel des Angriffs das zentrale Heiligtum in Romowe. Die Götterbilder in der Eiche wurden zerstört und mit der Eiche erlebten sie den Untergang durch Feuer. Die Priester, deren man habhaft werden konnte, verloren ihr Leben. Raubend, sengend und plündernd zogen die christlichen Scharen durch das Samland bis vor Rudau. Hier stellte sich eine größere Streitmacht von Samländern dem Kreuzheer zu tapferer Gegenwehr. Doch so geschickt die Prußen ihre Waffen einzusetzen wußten, die Übermacht der christlichen Streiter war zu groß und deren gepanzerte Reiter waren von vernichtender Wirkung. Die Prußen wählten einige angesehene Edle und diese verhandelten mit dem König um ihr Leben und das ihrer Brüder und Freunde. Dieser versprach, sie zu schonen, er sprach die einzige Bedingung aus: die Taufe. Am nächsten Tage erschienen die Samländer zur Taufe. Soweit es Edle waren, wurden sie von Ottokar, dem Markgrafen von Brandenburg und den Rittern mit kostbaren Kleidern beschenkt und als christliche Brüder begrüßt. Dieser Vorgang hatte beispielgebende Wirkung auch bei den andern Samländern. Die kostbaren Gewänder und der christliche Bruderkuß beeindruckte die einfach denkenden Prußen sehr, und sie ließen sich in großer Zahl taufen. Auch der samländische Edle Sklode ließ sich von der Macht und der Pracht des jungen Königs beeindrukken, und mitsamt seiner zahlreichen Sippe nahm er die Taufe an. Aber überall da, wo das Kreuzheer auftauchte, verbreitete es bei den Landeseinwohnern Angst und Schrecken, denn von solchen Greueltaten wie sie im Westen des Samlandes verübt wurden, hatte man bisher noch nicht vernommen. Lähmendes Entsetzen breitete sich aus, und die Prußen ließen sich ohne nachzudenken taufen. Eine Handvoll Wasser rettete vor erbarmungsloser Vernichtung, vor Mord und Brand. Wozu langes Fragen nach dem Sinn der Taufe, nach dem Sinn dessen, was in ihrem Gefolge kam? Die Hauptsache war, daß man am Leben blieb, den alten Göttern konnte man ja im Verborgenen huldigen, obwohl diese ja auch nicht geholfen hatten, als man ihren Schutz und ihre Hilfe am nötigsten gebraucht hatte. Und es ließ sich nicht schlecht leben als Getaufter: man behielt seine persönliche Freiheit, seinen Besitz und sein Gut, man konnte sogar seinen heidnischen Namen behalten.

Von Nadrauen wandte sich der König mit seinem Heer wieder westwärts, dem Pregelstrom folgend. „Über Waldau zog das königliche Heer". Das hört sich so friedlich an, so als wenn heutzutage ein Schwarm Marathonläufer diese oder jene Ortschaft durchläuft. Aber König Ottokars Streiter, wie überhaupt ein Heer in mittelalterlicher Zeit, das waren zunächst einmal Abenteurer, mehr oder weniger durchdrungen von dem Eifer, einer gottgewollten Sache zum Durchbruch zu verhelfen. Für das Risiko Gesundheit oder gar das Leben zu verlieren, wollte jeder von ihnen entschädigt werden, und diese Entschädigung nahm man sich vom Landeseinwohner ohne abzuwägen, ob es zuviel oder gerade genügend war. Wehe der Landschaft, durch die solch ein Heerwurm zweimal zog. So erging es auch der Landschaft am unteren Pregel. Aber hier erblickte das königliche Auge eine Anhöhe von der er meinte, daß sie wie geschaffen dafür wäre, eine Burg auf ihrem Rücken zu tragen. Gesagt, getan. Er ließ gleich Baumaterial herbeischaffen und den Bau beginnen, und auch sonst spendete er reichlich für die Schatulle des Ordens. Solch eine Burg, günstig an einem Fluß und einer Durchgangsstraße gelegen wurde zum Dreh- und Angelpunkt für eine Stadt, die später dem König zu Ehren, dem sie ja ihr Dasein verdankte, Königsberg genannt wurde. Den König aber zog es nun um 1255 wieder heim in seine böhmischen Gefilde. Der Aufbruch muß mit ziemlicher Eile erfolgt sein, denn die Ankunft eines prächtigen Kriegszeltes, das ein frommer Abt seinem König gespendet hatte, erlebte Ottokar nicht mehr im Lande. In den folgenden Jahren erfuhren die Samländer eine Zeit der Ordensherrschaft, die mit steigenden Abgaben und häufig auch durch persönliche Schikanen geprägt war, was letzten Endes zu einem Aufstand gegen den Orden führte. Nur mit Mühe konnte dieser den Aufstand unterdrücken, doch die Stimmung bei den Prußen wurde von Tag zu Tag verzweifelter. Sie griff wie ein Schwelbrand um sich, und es brauchte nur ein Windstoß aufzukommen, um ihn zu einem lodernden Flächenbrand zu entfachen.

Und der Windstoß kam. Es traf zeitlich zusammen, daß es auch in Osteuropa gärte. Die Mongolen kamen auf ihren ausdauernden und pfeilgeschwinden Pferdchen aus den Steppen Asiens und überschwemmten Rußland und Polen. Bei Liegnitz wurden sie 1241 von einem vereinigten Ritterheer aufgehalten. Zum Glück für die Europäer starb der oberste Mongolen- Khan Ügödai. Auch sein Nachfolger Batu, hatte alle Hände voll zu tun, die unterworfenen Völker in Schach zu halten. Der erneute Vorstoß der Mongolen 1255 bis Krakau ließ die europäischen Völker das Schlimmste befürchten. Zudem hatten die Deutschen es immer noch nicht vermocht, sich auf einen König und Kaiser zu einigen. So sah es in Europa wenig verheißungsvoll aus. In Litauen regierte um diese Zeit König Mindowe (Mindaugas). Er war ein verschlagener Mann und hatte sich wohl aus Zweckmäßigkeitsgründen taufen lassen. Er kam zunächst mit den Schwertrittern in Livland und auch mit dem Orden gut aus. 1260 unternahm er einen bewaffneten Zug nach Polen, und in seinem Aufgebot befanden sich auch Prußen aus den östlichen Gauen und solche, die vor dem Orden geflohen waren. Angeblich trat ein Verwandter vor ihn und beschuldigte den Orden, ihm sein Besitztum geraubt zu haben. Mindowe verlangte vom Orden die Herausgabe des geraubten Gutes und Wiedergutmachung des erlittenen Schadens. Da der Orden nicht auf diese Forderung reagierte, trat Mindowe kurzerhand vom christlichen Glauben zurück. Der Orden versammelte nun eine ansehnliche Streitmacht im Nordwesten Litauens. Auch Mindowe ließ es nun auf einen Zusammenprall ankommen. In beiden Heerhaufen befanden sich Prußen. Am 13. Juli des Jahres 1260 kam es an der Durbe, einem kleinen Fluß im Süden Litauens, zur Schlacht.

Die Streitmacht des Ordens bestand zumeist aus getauften Livländern, Samländern und Kuren, aber neben deutschen Rittern kämpften auch dänische Streiter unter dem Befehl des Herzogs Karl von Schweden. Das Ordensheer wähnte sich in der Waffentechnik überlegen, wurde jedoch von dem Heer der Litauer geschlagen. Die wenigen Überreste der Ordensstreitmacht noch vor Augen, erlebten die Prußen in jener Zeit noch ein arges Bubenstück eines Ordensherrn.

Auf der Lenzenburg am Frischen Haff, ganz in der Nähe Balgas saß der Komtur Walrad (Volrad) Mirabilis, wahrscheinlich aus westfälischer Adelsfamilie. In der Nähe der Stadt Hamm und bei Minden hatte diese Familie ansehnliche Besitzungen, die durch Urkunden aus jener Zeit nachgewiesen sind. [42] Vor ihm erschienen in diesen Tagen der Unruhe etwa 50 Edle aus Natangen und Warmien mit der Bitte, ihnen die Lieferung des Pflugkorns zu erlassen. Die schweren Fronarbeiten und Scharwerke, die sie für den Orden zu leisten hatten, hätten ihnen keine Zeit gelassen, ihre eigenen Äcker mit der gewohnten Sorgfalt zu bestellen. Der Vogt hörte sich ihre Reden an und sagte, auch er müsse tun, was die Ordensoberen von ihm wollten, sie möchten aber Platz nehmen und er lud diese Männer zum Abendessen ein. Während des

Essens kam der Vogt noch einmal auf die Lieferung des Pflugkorns zu sprechen. Da fuhr ein starker Wind durch die Halle und brachte alle Lichter zum Verlöschen. Stille trat ein. Plötzlich schrie jemand auf und Gepolter war zu vernehmen. Als wieder Licht in den Raum gebracht wurde, zeigte der Vogt auf sein von einem Messer aufgeschlitztes Wams und fragte seine Gäste: welche Strafe der wohl verdiene, der solches, seine Ermordung, im Schilde geführt habe. Alle Gäste antworteten wie aus einem Munde: den Feuertod! Der Vogt sagte: heute könne er nicht mit ihnen über das Pflugkorn sprechen, er würde in den nächsten Tagen mit ihnen darüber reden. Als der Vogt sie in der nächsten Zeit zu einem Gespräch über ihre Nöte rufen ließ, kamen sie alle, und er lud sie wieder zum Mahle an gedeckten Tischen. Als alle Platz genommen hatten, wurden die Türen von außen verrammelt und plötzlich stand der ganze Raum in Flammen. Keiner der Prußen entging dem Flammenmeer. Fünfzig prußische Edle fielen dem feigen Mordplan zum Opfer. Der Ordensvogt aber begab sich zum Landmeister und beichtete diesem seine Tat.

Peter von Dusburg berichtet in seiner Chronik über dieses entsetzliche Geschehen. Aber ob sich diese Geschichte tatsächlich ereignet hat, ist sehr fraglich, denn Dusburg berichtet als einziger darüber. Spätere Geschichtsschreiber wie Lukas David haben diese Geschichte offensichtlich von Dusburg übernommen und entsprechend ausgeschmückt; dafür eignet sie sich ja in besonderer Weise. Oder wollte Dusburg damit die Erklärung für das gaben, was sich nun ereignete: Der große Aufstand? So nennt es der Orden. Aber ein Aufstand, sei er noch so groß, dauert nur kurze Zeit und zieht sich nicht über viele Jahre hin. Freiheitskrieg – so nannten ihn die Führer der Prußen, und die waren plötzlich da.

Der Freiheitskrieg

Es war wohl schon in früheren Zeiten so, daß im Kriege besiegte oder unterworfene Völker in der folgenden Friedenzeit „umerzogen" werden mußten. Die Denkweise der Sieger mußte im Denken der Besiegten Platz greifen, man sollte verstehen, daß man schließlich zum eigenen Heil und Frommen besiegt worden war. Aus diesem Grunde hatte der Orden nach dem Frieden von Christburg, die Söhne prußischer Führer und Vornehmer nach Magdeburg eingeladen, um sie hier in den Kulturtechniken der damaligen Zeit und der christlichen Sittenlehre zu unterweisen, aber auch um sie das zu lehren, was sie als künftige Führer ihres Volkes nach der Auffassung des Ordens können mußten.

Magdeburg war damals ein Zentrum des deutschen Geistes, mehrere Mönchsorden hatten dort eine Niederlassung, es war zugleich auch wirtschaftlicher Mittelpunkt der mitteldeutschen Landschaft. Handwerker, Kaufleute und Patrizier waren in dieser Stadt zu Hause. Sie ertrotzten eine Stadtverfassung, und das Magdeburger Recht wurde für die nächsten Jahrhunderte zum Vorbild und Muster deutscher Stadtgründungen im Osten. Die magdeburgischen Schulen nahmen nicht nur die Söhne des ost- und mitteldeutschen Adels auf und bildeten sie für damalige Zeiten umfassend in Grammatik, Rhetorik, Arithmetik und Kirchenlatein aus. Aus dem von Otto I. gegründeten Mauritiuskloster ging die später so berühmt gewordene Moritz-Schule hervor. Auch aus dem Land der Prußen hatte man die Söhne der Edlen an die Schule zu Magdeburg geholt. Sie lernten nicht nur die Kulturtechniken Lesen, Schreiben und Rechnen, sie wurden auch mit den deutschen Sitten vertraut gemacht, mit dem Gebrauch der Waffen und mit der Kampfesweise der Ritter. Es ist anzunehmen, daß sie auch in den schönen Künsten Gelegenheit erhielten, ihre Begabungen zu entwickeln, und an langen Abenden werden sie auch die Lage ihres Volkes erörtert haben. Schriftliche Zeugnisse darüber sind nicht mehr vorhanden: „Aufzeichnungen aus diesen Tagen von Prußenhand - kein Zweifel daß es sie gegeben hat - auch andere Quellen, die einwandfrei darüber Aufschluß geben könnten, sind vernichtet!"[43] Wahrscheinlich sind es fünf junge Häuptlingssöhne, die später zu berühmten Führern des Freiheitskrieges wurden, die nach dem Frieden zu Christburg gleichzeitig an der Moritz-Schule erzogen wurden. Der Samländer Glande, der den Taufnamen Richard erhielt; aus Natangen Hercus Monte mit dem Taufnamen Heinrich, der diesen christlichen Namen Henricus unter Weglassung von zwei Buchstaben in Hercus änderte und sich damit vom Christentum lossagte. Er ist der einzige, von dem man mit Sicherheit weiß, daß er gegen Ende der fünfziger Jahre des 13. Jh. Schüler der Moritzschule war und zum Ritter geschlagen wurde. Aus Warmien ist es der Edle (Carolus) Glappe, und aus dem Barterland kommt (Otto) Divane; er muß von großer Körpergestalt gewesen sein und über Bärenkräfte verfügt haben, denn man nannte ihn „Clecine", nach „Glokis" (pr.), was Bär heißt. Aus Pogesanien stammte Auctumno, dem man den Taufnamen Nikolaus gegeben hatte. Ob diese Männer zur gleichen Zeit in Magdeburg gewesen sind, wissen wir nicht. Wir wissen aber, daß sie den 20.9. des Jahres 1261 als die „Stunde Null", den Zeitpunkt für den Beginn des Abwerfens der Fremdherrschaft festgesetzt hatten, das war gut ein Jahr nach der Schlacht an der Durbe. An diesem Tage stürmten in allen fünf Landschaften große Prußenhaufen zusammen und begannen, alles was ihnen fremd war zu vernichten: Christliche Kirchen und Kapellen wurden zerstört, Priester verfolgt und erschlagen, deutsche Siedler, die nicht rechtzeitig auf eine der Ordensburgen flüchten konnten, in Gefangenschaft geführt oder in die Sklaverei geschleppt. „Es war nur die Wahl zwischen Tod und Gefangenschaft"[44)] Wochenlang wurde heftig gestritten und gekämpft. In Papst Urban IV., der als pästlicher Legat Jakob Pantaleon 1249 den Frieden zwischen den Prußen und dem Orden vermittelt hatte, erhielt der Orden in dieser schwierigen Lage einen Helfer und Gönner. Schon erschrocken über die Niederlage des Ordens an der Durbe, rief er bei Ausbruch der Kriegshandlungen gegen diesen nun zum Kreuzzug gegen die Prußen auf, ja er leitete sogar einen gegen die Tartaren begonnen Kreuzzug gegen die Prußen um, weil dieser ihm im Augenblick dringlicher erschien. Die Lage der Ordensritter war verzweifelt, da sie sich nur in der nächsten Umgebung ihrer Burgen bewegen konnten, um vor allem für Nahrung zu sorgen. Da besannen sie sich auf die Neubekehrten, die Zuflucht in ihren Burgen gesucht hatten. Sie gewannen deren Gesinnung dadurch, daß sie ihnen neue Belohnungen und neues Besitztum versprachen und ihre Vorrechte ausdehnten.

Das neue Kreuzheer kam zu Anfang des Jahres 1262 an. Im Kulmer Land, in Pomesanien und im Ermland hatten sich die prußischen Bewohner in die Wälder geflüchtet, manche der Prußen flüchteten sogar nach Rußland und stellten sich dort unter den Schutz des berühmten Fürsten Alexander Newski, der die Kreuzritter schon 1242 in Estland am Peipussee geschlagen hatte, bei ihm auf Zuflucht und Sicherheit hoffend. In Natangen, in der Gegend in der später Brandenburg entstand, schlug das Kreuzheer ein Lager auf. Ein Teil der Kreuzfahrer wurde auf Plünderung und Raub ausgeschickt, während der andere im Lager verblieb und dieses ausbaute und befestigte. Die Natanger griffen bei Pokarwen die im Lager Gebliebenen an. Der Kampf wogte hin und her, mal neigte sich das Kampfesglück dahin, mal dorthin. Hercus Monte, der die Natanger führte, dirigierte geschickt seine Streiter und gab selbst ein Beispiel an Kampfesmut. Alle Tapferkeit, Mut und aller Einsatz nützte dem Kreuzheer nichts, Sieger blieben die Natanger. Als der zur Plünderung und Raub ausgesandte Teil des Heeres zurückkehrte, war von dem befestigten Lager nicht viel übrig geblieben und die Leichen der im Kampfe erschlagenen Kreuzfahrer bedeckten die Walstatt. Da schwand den Davongekommenen der Mut, sie zogen sich in die Burgen des Ordens zurück und in dessen befestigte Städte. Die Natanger aber wollten nun ihren Göttern ein Freudenopfer bringen. Es war bei ihnen Sitte, einen Teil der Gefangenen zu opfern, und deshalb warfen sie das Los. Wer von ihm getroffen wurde, der mußte sein Leben zu Ehren der prußischen Götter lassen. Das Los traf auch einen Ritter namens Hirzhals, der aus Magdeburg stammte und einstmals Gastgeber des Natanger Herzogs Hercus Monte gewesen war. Während dieser Zeit soll er sogar einmal Hercus Monte vorm Tode des Ertrinkens bewahrt und ihn gerettet haben. Als nun Hercus Monte seinen einstigen Wöhltäter in der Not der Todesangst sah, erbarmte es ihn. Er ließ erneut losen, aber das Los traf den Ritter Hirzhals wiederum, ebenso ein drittes Mal. Da sah dieser es als unausweichliche Bestimmung an, zu Ehren der prußischen Götter dahinzuscheiden. Er wurde auf sein Roß gebunden und in einem rings um ihn errichteten Scheiterhaufen lebendig verbrannt. „Die Götter mögen dir einst lohnen!" soll Hercus Monte seinem einstigen Wohltäter zugerufen haben, als die Flammen auflöderten. Ohne Zweifel ist es barbarisch, einen lebenden Menschen auf seinem Streitroß, schuldloser Kreatur, zu verbrennen. Auf Seiten der Ritter wurden ähnliche Greueltaten verübt und gefangenen Prußen wurden die Augen ausgestochen und sie ihrem Schicksal überlassen.

Erfolglos blieb auch ein zweites Aufgebot der Kreuzfahrer unter Führung des Grafen von Barby, der von einem starken Kriegshaufen der Samländer angegriffen und nach einem mehrere Stunden dauernden Kampf vernichtend geschlagen wurde.

Der Erfolg ist der Vater vieler erfreulicher Dinge und so erhielten die Prußen Zulauf gar mancher Landsleute, die neuen Mut und Zuversicht gewonnen hatten. Auch viele der Neubekehrten fanden zu den alten Göttern zurück; sie hatten in der Eile, in der der Taufakt ausgeführt wurde, gar nicht begriffen, daß ein Sinneswandel die Taufe zu begleiten hatte. Ihnen war nicht klar geworden, daß mit dem Sinneswandel auch die Einstellung zu den Fragen des alltäglichen Lebens eine neue Bewertung dieser Fragen selbst zu geschehen hatte. Etwas anderes nahmen die Prußen mit Erstaunen wahr: zum ersten Male wirkte die bewaffnete Mannschaft dreier Gaue zusammen: der Pogesanier, der Warmier und der Barter. Heilsberg und Braunsberg fielen nach langer Belagerung dem Prußen-Heere zu, Braunsberg wurde von einem Bürgerkommando, das sich nach der Zerstörung in Sicherheit brachte, in Schutt und Asche gelegt. Der Zulauf zu den prußischen Streithaufen hielt an, so daß sie gleichzeitig drei Burgen belagern konnten: Königsberg, Kreuzburg und Bartenstein. Kreuzburg, dessen Besatzung durch deutsche Siedler und prußische Neubekehrte verstärkt war, hielt sich bis 1263. Bartenstein hatte vierhundert Verteidiger, die von den Rittern immer aufs Neue zum Durchhalten ermutigt wurden, während die Belagerer mehr als dreimal so zahlreich waren, täglich frischen Zulauf erhielten und manchmal infolge der ständig wachsenden Zahl übermütig wurden. Aber 1264 ist auch hier die Wille zum Aushalten gebrochen, der Hunger ist Sieger, und die Prußen können die Burg stürmen.

Nicht überall wehrten sich die Ritter tapfer; zwei ihrer Brüder vom Ordensconvent zu Elbing ließen sich auf verräterische Verhandlungen mit den Prußen ein und wollten den Belagerern sogar ihre Burg in die Hände spielen. Der Plan wurde rechtzeitig entdeckt und die Verräter bestraft.

Auch der Papst hatte Schwierigkeiten, einen neuen Kreuzzug nach Preußen zustande zu bringen. Mit fortschreitender Zeit hatte die Kreuzzugsidee sich mehr und mehr abgenutzt, selbst die Verheißung noch größerer Gnaden ließ in ihrer Wirkung nach. Der Kriegsdienst im Kreuzfahrerheer wurde dort von einem Jahr auf drei Monate herabgesetzt. Von dem zur Hilfeleistung verpflichteten Herzog Semovit von Masowien hatte der Orden solche nicht zu erwarten. Dennoch war es schon ein kleines Wunder, daß die westdeutschen Grafen Engelbert I. von der Mark und Wilhelm V. von Jülich mit einer ansehnlichen Streitmacht im Winter des Jahres 1263 sich auf den Weg ins Preußenland machte. Neben 300 Rittern waren es über 3.000 Mann Fußvolk. Der Hochmeister von Sangerhausen und viele später berühmt gewordene Ordensritter begleiteten das stattliche Kreuzfahrerheer aus Westfalen. Als sie nahe bei Königsberg angekommen waren, wollten sie tatenfroh gleich die Wehrschanzen stürmen, die die Prußen rings um die Burg Königsberg angelegt hatten. Aber die bei dem Heere mitgereisten Ordensritter rieten, den Angriff erst am nächsten Morgen zu wagen. Aber als man am Tage den Angriff auf die Wehrschanzen vortrug, waren diese leer. Die Samländer hatten sie während der Nacht in aller Stille geräumt und sich in den Hinterhalt gelegt. Die Ordensritter rieten, Späher auszusenden, um Aufschluß über die Stellung des Gegners zu bekommen. Alsbald kehrte einer von ihnen, Stantike genannt, der mit der Wache der Samländer zusammengeprallt war, zurück und machte Meldung über die Aufstellung der Samländer. Schnell war das Kreuzheer in Kampfbereitschaft versetzt, während

Wilhelm von Jülich das Kommando über das Fußvolk übernahm, trat Engelbert von der Mark an die Spitze der Reiterei. Bei dem Dorf Kalgen, das wenige Kilometer südwestlich Königsberg liegt, kam es zu einer erbittert geführten Schlacht, die über viele Stunden hin und her wogte. Als schließlich die zu Hilfe gerufene Burgbestzung von Königsberg eintrifft und in das Kampfgeschehen eingreift, neigt sich das Kampfesglück dem Kreuzfahrerheer zu. Mehr als 3.000 getötete Samländer bleiben auf dem Kampfplatz; aber auch das Kreuzfahrer-Heer und die Ordensritter hatten eine beträchtliche Anzahl an Toten und Verwundeten zu beklagen.[45] Von Königsberg war für den Augenblick die Bedrohung gewichen. Die Kreuzfahrer jedoch waren froh, als die drei Monate Kriegsdienst im Prußenland, die sie gelobt hatten, verstrichen waren. Was von dem Kreuzfahrerheer übriggeblieben war, machte sich auf den Heimweg. Wir wissen, daß Engelbert I. von der Mark im Jahre 1265 wieder in seiner Heimat war und dem Erzbischof von Köln versprach, die Stadt Unna nicht weiter zu befestigen. [46]

Trotz der bedeutenden Verluste an kampffähiger Mannschaft gaben die Samländer nicht auf. Sie erhielten steten Zulauf aus dem Lande ringsumher. Auf der anderen Seite blieb der Orden auch nicht untätig. Er bediente sich in dieser für ihn so krisenreichen Zeit, der List und der vorausschauenden Klugheit, indem er unablässig versuchte, so viele wie möglich aus der Schicht der Edelleute und angesehenen Vornehmen auf seine Seite zu ziehen. Es gelang ihm, diese mit Verlockungen und Verleihungen zu ködern: Einkünfte aus Landbesitz, das Recht, Landbesitz zu vererben, Verleihung der niederen und hohen Gerichtsbarkeit über eine bestimmte Anzahl von Familien, Befreiung von der Ablieferung des Zehnten. Diese Belohnungen wurden jeweils der Größe und Wirksamkeit der Dienste entsprechend an die prußischen Edlen vergeben. Bei der Abwägung der Verdienste ließen die jeweiligen Ordensoberen durchaus das Prinzip der Gerechtigkeit walten. Gunstbeweise, die in der Sympathie zu bestimmten Personen ihren Ursprung gehabt hätten, gab es so gut wie überhaupt nicht. Was zählte, waren allein die Treue und die Verdienste um den Orden.

Einesteils hatte er Erfolg mit dieser Taktik, zum anderen gab es viele Samländer, die nicht wankend wurden. Einer von diesen war Nalube, der Sohn des tapferen Edlen Sklode in Quednau. Obwohl sein Vater für den Orden sein Leben an der Durbe gelassen hatte und sein Bruder Wargule ihn vor die Wahl stellte: entweder dem Beispiel von Vater und Bruder zu folgen und Hab und Gut zu retten, oder aber auf die Familie und das Besitztum zu verzichten, da wählte er das letztere. Die persönliche Ehre und die Freiheit seines Volkes galten ihm mehr als vergänglicher Besitz. Er wurde zum Herold der Freiheit und Unabhängigkeit im Samland. Er sammelte Gleichgesinnte um sich, und wo er dem Orden Schaden zufügen konnte, ließ er keine Gelegenheit aus. Einige tausend Samländer sollen sich unter seiner Führung zusammengefunden haben, die vor allem die alten Sitten und die Freiheit des Volkes wiederherstellen wollten.

Die Stadtsiedlung, die sich um die Burg Königsberg gebildet hatte, wurde in Schutt und Asche gelegt. Der Herzog Glande koordinierte die Unternehmungen der Samländer. Sein Bestreben war es, die Burg Königsberg auf dem Wasser abzuschneiden, um ihre Versorgung unmöglich zu machen. Aber dem Orden gelang es, einen Lübecker Bootsmann zu gewinnen und mit prußisch sprechenden Knechten des Ordens während der Nacht die Wasserfahrzeuge der Prußen anzubohren, so daß diese auf den Grund sanken. Die Prußen ließen sich jedoch nicht entmutigen. Sie bauten eine Brücke über den Pregel und befestigten sie jeweils an ihren Enden mit der Errichtung zweier Wehrschanzen. Infolge der nun entstehenden Hungersnot kam Verzweiflung bei der Burgbesatzung auf. Da sie keinen Ausweg aus dieser Lage sahen, entschlossen sich die Ritter und die Burgbesatzung lieber kämpfend als untätig wartend unterzugehen. Sie griffen die beiden Türme an und in einem wilden Kampfe, der sich über Stunden hinzog, schien es, als ob ihr Untergang eine vom Schicksal beschlossene Sache sei. Da fiel Herzog Glande, tödlich von einem Speer getroffen, und auch sein Vertreter Swayno fiel bald darauf im Kampfe. Verwirrung und Verzweiflung bemächtigten sich der samländischen Krieger. Sie verloren die Siegeszuversicht und den Mut und bald darauf erstürmten die Ritter die beiden Wehrschanzen. Damit war die Fahrt zur Burg Königsberg wieder frei. Die übriggebliebenen Samländer zogen sich in ihre Dörfer zurück, von einer dumpfen Verzweiflung gepackt. Sie konnten nicht verstehen, daß das Schicksal es nicht gut mit ihnen meinte. Dennoch wehrten sie sich tapfer gegen die Niederlage, indem sie immer wieder zu bewaffneten Haufen zusammenliefen und kleinere Aktionen durchführten. Da erhielten sie unvermutet Hilfe aus der südlich gelegenen Landschaft Natangen. Hercus Monte zog mit einem Kriegshaufen heran. Neue Hoffnung beflügelte die Samländer. Es glückte, sich der Burgbesatzung in offenem Kampfe zu stellen. Aber Hercus Monte, der zuvor einen Ritter mit einem Schwerthieb außer Gefecht gesetzt hatte, wurde von einem Speer getroffen, den ein Kriegsknecht geschleudert hatte. Es gelang den Natangern, ihren schwer verwundeten Führer zu bergen und mit ihm den Rückzug anzutreten.

Wen wundert es, daß die Zahl derer zunahm, die den alten Göttern keine siegbringende Kraft mehr zutrauten. Auch Nalube, der mit Mut und Zähigkeit für die

Erhaltung der alten Freiheit gestritten hatte, gab auf, beugte den aufrechten Nacken und ließ sich taufen. [47]

Nur im Westen des Samlandes, wo es ausgedehnte Wälder gab und einstmals das Heiligtum Romowe gelegen war, wo seit altersher die tapfersten und entschlossensten Krieger zu Hause war, da loderte noch das Feuer der Freiheit. Prußische Heerhaufen brachen immer wieder hervor, griffen die Ritter und ihr Reitergefolge an und sorgten so für stetige Unruhe unter den Burgbesatzungen. Doch allein mit dem Aufgebot des Ordens gegen die mit Verzweiflung sich wehrenden Samländer diesen Kampf auszufechten, traute sich der Ordensmarschall doch nicht zu, und er bat den Landmeister von Livland um Hilfe. Der Zeitpunkt des Handelns wurde vereinbart, und als der gekommen war, zogen die Ritter und ihr Heerhaufen aus zur Schlacht. Schnell hatten sich auch die Samländer gesammelt und traten dem Ritterheer entgegen. Nachdem der Kampf schon viele Stunden gedauert hatte und die Kräfte der Ritter nachließen – viele von ihnen waren schon im Kampfe gefallen –, als die Schlacht schon verloren schien, tauchten die Livländer zur Rettung des Ordens auf. Diese frische Truppe entschied das Gefecht. Sie warfen sich auf die vom Kampf ermüdeten Samländer und überwältigten sie nach hartem Kampf. Keiner von ihnen bat um Gnade, keiner gab sich gefangen, sie zogen den Tod der Knechtschaft vor. Ihre Frauen und Kinder wurden in andere Landschaften transportiert, und die Stille der Wüste breitete sich über ihrem Lande aus, nachdem ihre Dörfer in Schutt und Asche gelegt waren. Ebenso schnell wie sie ihn verlassen hatten, kehrten die wenigen Übriggebliebenen zum Glauben der neuen Herren zurück. Ihre Söhne mußten sie als Geiseln und Bürgen für künftige Treue auf die Burg in Königsberg schicken. „Darauf ward das ganze Gebiet zur Wüste gemacht; alle Dörfer wurden niedergebrannt; alles wurde durchraubt und durchplündert, um kein einziges Zeichen des alten Lebens dort zurückzulassen, wurden Weiber und Kinder aufgehoben und weit entfernt in andere Gegenden versetzt." [48] Perkunos, Pikollos, Potrimpos und alle anderen Ober- und Untergötter der alten Prußen verschwanden im Reich der Schatten, aus dem es keine Wiederkehr gibt.

In den anderen Prußen-Landschaften, mit Ausnahme des Kulmer Landes und Pomesaniens, tobten nicht minder harte Kämpfe, denn die Prußen waren bereit, jedes nur denkbare Opfer zu bringen, um Freiheit und Unabhängigkeit zu verteidigen oder zurückzugewinnen. Durch ihre Entschlossenheit und ihren Kampfesmut erlebte der Orden die härtesten Tage der Not und Bedrängnis und manche seiner Burgen wurde gebrochen und zerstört. Doch die kriegerischen Aktivitäten der Aufständischen waren so zahlreich und zu wenig aufeinander abgestimmt, daß sie selber letztlich keine Übersicht mehr hatten und die Aktionen planlos durcheinander gingen.

Gerade hatte der Natanger Hercus Monte die Samländer durch eine größere Schar bewaffneter Prußen in ihrem Kampf unterstützt, in dem er be-trächtlich verwundet wurde, da leitete er, kaum genesen, die Belagerung der Kreuzburg. Von der vielhundertköpfigen Besatzung konnten nur zwei Ritterbrüder sich durch die Flucht retten, Kreuzburg fiel wieder in prußische Hand. Von hier brach Monte, in aller Eile seinen Kriegshaufen neu ordnend, die zerstörten Waffen ersetzend und die reiche Beute nichtachtend, zu einem Zug ins Kulmer Land auf, um hier den Orden an seinem Herrschaftsfundament anzugreifen. Bei Löbau stellte sich der Landmeister Hellmerich von Rechenberg ihm entgegen. Stundenlang wogte der Kampf hin und her, doch letztlich erlitt der Orden eine furchtbare Niederlage, und Hellmerich von Rechenberg verlor sein Leben (1263) und die Schlacht.

Eine Zwingburg nach der anderen fiel in die Hand der Prußen. Jetzt flackerte der Aufstand im Barter-Land von neuem auf, und Burg Bartenstein mit 400 Verteidigern wurde von 1.300 Prußen belagert. Im Aufgebot der Burgbesatzung tat sich ein Pruße aus dem Samland, Milegede, durch besondere Tapferkeit hervor. Von ihm wurde gesagt, daß sein Kampfwert die Hälfte der Burgbesatzung aufgewogen habe. Milegede wurde von den Belagerern in einen Hinterhalt gelockt, und hier von rund sechzig Prußenkriegern gleichzeitig attakiert. In tapferer Gegenwehr erlahmten schließlich seine Kräfte und sein Tod wurde natürlich von den Belagerern bejubelt. Auch ein als außerordentlich tapfer bekannter Pruße, Troppo mit Namen, fiel im Kampfe für den Orden. Darüber ergrimmten die Ritter in der Burg und aus Rache ließen sie dreißig Geiseln der Prußen vor dem Tore an einem Galgen aufhängen. Trauer und Wut über diese Tat überkam die Belagerer, war doch unter den Getöteten manch enger Verwandter. Nach wechselvollen Kämpfen entwichen die Verteidiger in der Dunkelheit in zwei getrennten Haufen nach Königsberg und Elbing. Den inzwischen auf 3.000 Streitern angewachsenen Belagerern fiel nur ein alter und kranker Ordensritter in die Hände. Er hatte diese mehrere Tage lang durch das Läuten der Gottesdienst-Glocke in der Kapelle getäuscht.

Mit dem Verlust dieser und anderer Burgen im Barter-Land ging hier die Ordensherrschaft ihrem Ende entgegen. Die Kunde vom Verlust der Burgen drang auch ins Samland, wo nun der Aufstand im Gebiet um den Galtgarben wieder aufflackerte, und im östlichen Samland sammelte sich ein starker Heerhaufen von Prußen und Litauern, der die Burg Wehlau belagerte. Inzwischen hatten die Prußen den Ordensrittern einiges in der Waffenausrüstung abgesehen und die Handhabung für sie neuer Waffen gelernt. In ihren

Streithaufen führten sie jetzt auch leichtes Belagerungsgerät wie Wurfmaschinen und Rammböcke mit. Aber vor der Burg Wehlau wurden die Belagerer ihres Büchsenmeisters beraubt, der durch einen wohlgezielten Pfeilschuß mit seiner Hand an eine Wurfmaschine, die er gerade ausbesserte, buchstäblich festgenagelt wurde. Die Prußen bedienten sich der neuen Waffen, die ihnen bei verschienen Aktionen in die Hände gefallen waren. Doch vom Aberglauben waren sie nicht frei, und das persönliche Unglück des Büchsenmeisters machte ungeheuren Eindruck auf die Belagerer: Der Gott der Christen hatte hier gesiegt, so glaubten sie, und sie strebten nach diesem vermeintlichen Wunder von der Burg fort ihren heimatlichen Dörfern zu. Um das Samland noch mehr für den Orden zu sichern, begannen die Ritter den Bau der Burg Tapiau, die 1265 vollendet wurde. In den Burgen, die dem Orden noch verblieben waren, drängten sich Verteidiger und Neubekehrte auf Hilfe wartend, die aber einen langen und beschwerlichen Weg zurücklegen mußte.

Papst Urban beriet sich mit dem Hochmeister Anno von Sangerhausen, der ihn im Sommer des Jahres 1264 aufsuchte und „...ihm mündlich und nicht ohne Tränen das schwere Unglück seines Ordens in Preußen, den Jammer und Verderb des ganzen Landes, die Noth und Angst der Christen und den fast unvermeidlichen Untergang der christlichen Kirche in jenen Gegenden schildernd." [49] Der Erfolg einer solch bewegenden Klage konnte nur der Aufruf zu einem Kreuzzug sein. Aber bis der tatsächlich zustande kam, verging kostbare Zeit an deren Ende sich der Landgraf Albert von Thüringen, der Herzog Albert von Braunschweig und schließlich auch noch der Markgraf Otto von Brandenburg „an der Spitze einer ansehnlichen Pilgerschar" [50] 1265 auf den Weg ins weit entfernte

Prußenland machten. Doch das eigentliche Vorhaben dieser Kreuzzugs-„Pilger" wurde nur schwerlich erreicht. Der Winter des Jahres 1265/66 war außerordentlich mild. Das Wetter schlug auch damals schon Kapriolen. Flüsse, Sümpfe und Seen, durch die die prußischen Landschaften einigermaßen gegen das Vordringen feindlicher Heerhaufen im Winter gesichert waren, froren nicht zu. So konnte die prußische Bevölkerung sich in ihren Schlupfwinkeln zwischen Seen und Wäldern rechtzeitig in Sicherheit bringen. Auch an König Ottokar von Böhmen, den potentesten Machthaber jener Zeit im Deutschen Reich wandte sich der Papst; jedoch außer der Zusage der Teilnahme an einem Kreuzzug erreichte der Papst nichts, Ottokar war für dieses Jahr durch andere, für ihn wichtigere, Vorhaben gehindert. Den Kreuzfahrern dieses Jahres gelang es nur, eine Burg zwischen den Ordenhäusern Balga und Königsberg zu bauen, die die Verbindung zwischen beiden Häusern am nordöstlichen Ufer des Frischen Haffs schaffte. Sie wurde nach dem Markgrafen Albert von Brandenburg genannt. Und noch ein anderes Ereignis wußte man mit der Einweihung der Burg zu verbinden. Der Landgraf von Thüringen erhielt am Einweihungstage den Ritterschlag durch den Hochmeister, ohne Zweifel in den damaligen Tagen eine sehr ehrenvolle Handlung. Im Frühling 1266 zog man wieder heimwärts. Papst Urban starb in diesem Jahr. So blieb es dem neuen Papst Clemens IV. vorbehalten, erneut für einen Kreuzzug gegen die Prußen zu werben.

Das tat er, indem er 1266 alle Mönchsorden in Böhmen, Dänemark, Schweden, Norwegen, Polen und Friesland aufforderte, im predigenden Einsatz für einen erneuten Kreuzzug einzutreten. Das Wort Kreuzzug hatte infolge des häufig geübten Mißbrauches viel von seiner Zauberkraft und Werbewirksamkeit verloren. Hinzu kam, daß der Klerus und die Geistlichkeit durch das Zustandekommen der Kreuzzüge zugunsten des Ordens Einbußen materieller Art hatten, zudem um ihren Einfluß fürchteten und deshalb die Werbemaßnahmen behinderten. Diese Beeinträchtigungen des auf den Ritterorden neidischen Klerus konnte selbst der Papst nicht vermeiden, denn trotz ihrer geistlichen und hierarchischen Stellung blieben sie ja Menschen mit ihren mehr oder minder ausgeprägten Meinungen und Eifersüchteleien, sogar in ihren Ränkespielen. Auch mit den Pommern bekam der Orden Streit. Zwar war deren dynamischer Herzog Suantepolk inzwischen gestorben, aber dessen Söhne Mestwin und Wartislaw, die sich die Herrschaft geteilt hatten, zeigten gegenüber dem Orden wenig Entgegenkommen, ja bisweilen gar Gegnerschaft, die sie zu einem nur kurzen Bündnis mit den Prußen brachte. Deren Kampfesweise war auch nicht dazu angetan, eine Entscheidung von größerer Tragweite herbeizuführen. Hier wurde eine Burg erstürmt und in Asche gelegt, dort wurde ein reisiger Kriegshaufen der Ordensritter angegriffen und vernichtet. Insgesamt ereignete sich mancherlei; aber die anfängliche Begeisterung bei den Prußen war zu einem wenig planmäßigen Handeln verkommen. Aber hier zeigte es sich, daß sie ihrer Natur entsprechend kein kriegerisches Volk waren, wie von dem Masowierherzog Konrad behauptet und seitdem in Geschichtsbüchern als glatte Unwahrheit verbreitet wird, bei aller Tapferkeit und Mut im einzelnen.

Keine der alten Quellen, auch Dusburg nicht, berichtet von Hungersnöten im Prußenland, auch nicht in der Folge einer Dürrezeit. Die bäuerliche Lebensweise war im Verein mit der Vorratshaltung so solide angelegt, daß man auch in Notzeiten genug zu essen und zu trinken hatte, daß die Ernährung der Menschen gesichert war.

In Kriegszeiten führte jeder Krieger seinen Nahrungsbedarf bei sich, außerdem stand der vom Feind erbeutete Fundus an Grundnahrungsmitteln zu Verfügung. Gegen Ende das Jahres 1267, nachdem er mit dem Herzog von Bayern Frieden geschlossen hatte, mit dem er im Kriege lag, begann Ottokar die dem Papst versprochene Kriegsreise ins Land der Prußen. So ganz uneigennützig waren Ottokars Absichten nicht, denn der Papst hatte ihm mancherlei Zusagen gemacht. So sollte Ottokar Litauen und Samaiten, wenn er diese Länder erobern würde, seinem Reiche einverleiben, ebenso Teile von Sudauen und Galindien, die der Orden nicht beanspruchen würde. Ottokar träumte schon von einem großböhmischen Reich, von der Donau bis an die Düna. Denn die Herrscher über die zu erobernden Gebiete sollte Ottokar einsetzen und schließlich sollte er mit Einwilligung des Papstes eine bewaffnete Macht in diesen Gebieten aufstellen, in deren Schutz die Christianisierung der unterworfenen Völker durchgeführt werden sollte. Doch diese Kriegsreise verlief völlig anders, als Ottokar sie sich vorgestellt hatte. Seine erste Tätigkeit war es, zwischen dem Orden und Herzog Mestwin Frieden zu stiften. Die Verhandlungen zogen sich bis in das Jahr 1268, in den ersten Januartagen wurden sie abgeschlossen mit der gegenseitigen Versicherung des guten Willens und der Klärung von Sachfragen. Das ist eine dialektische Zauberformel, die auch heute bei Verhandlungen noch Gültigkeit hat, wenn in der Öffentlichkeit über diese berichtet wird. In den ersten Monaten des Jahres war das Wetter außerordentlich milde und sehr niederschlagsreich, so daß keine größeren Marschbewegungen des Kreuzzugsheeres durchgeführt werden konnten. An eine Rückeroberung der von den Prußen besetzten Gebiete war nicht zu denken und erst recht nicht waren die weitergehenden Pläne zu verwirklichen. Ein Teil des Heeres wurde dafür eingesetzt, das zerstörte

Marienwerder wieder aufzubauen. Enttäuscht bis ins Mark, daß seine hochfliegenden Pläne sich nicht verwirklichen ließen, kehrte Ottokar nach Böhmen zurück. Bei den Prußen jedoch schien die Tatsache, daß der mächtige Böhmenkönig und der Markgraf von Brandenburg mit ihrer starken Kriegsmacht nichts gegen sie ausrichten konnten, das Bewußtsein gestärkt zu haben, daß die alten Prußengötter das fast schon verloren geglaubte Kampfesglück wieder auf ihre Seite geschafft hätten. Fußvolk und Reiter, gut ausgerüstet, so stürmten sie ins Kulmerland. Marienwerder wurde nach kurzer Belagerung zum zweitenmal zerstört, ebenso die Burgen Starkenburg und in Pomesanien die Spittenburg, von der man heute nicht mehr genau weiß, wo sie einmal gestanden hat. Der Hauptmann der Barter, Diwane, führte einen Kriegerhaufen von achthundert Mann vor die Burg Schönsee und belagerte sie. Seine Forderung zur Übergabe der Burg wurde von den Rittern abgelehnt. Die Prußen stürmten, da traf Diwane ein Pfeilschuß. Schwer verwundet fiel er zu Boden. Seine Krieger scharten sich um ihn, hoben ihren Hauptmann auf und bargen ihn. Kurz darauf starb Diwane und seine Getreuen brachen die Belagerung der Burg ab, sie traten unter Trauer und Klagen den Heimweg an.

Vom Kaiser konnte der Orden keine Hilfe erwarten, es gab in dieser Zeit keinen. Die Deutschen hatten nur einen König, noch dazu einen, der sich die meiste Zeit in seinem Heimatland England aufhielt, Richard von Cornwall, der Sohn von Johann ohne Land. Ihn interessierte nur am Rande, was im Osten des Reiches geschah. Auch ein Spanier, Alfons von Kastilien, beanspruchte die Königswürde von Deutschland.

Der Papst hatte auch damals „keine Divisonen", die er dem Orden zur Hilfe schicken konnte. Der Herzog von Masowien, der vertraglich zur Hilfeleistung für den Orden verpflichtet war, hatte keine Möglichkeit diese zu erbringen, da er sich durch verwandschaftliche Verhältnisse daran gehindert sah. So konnte ein an Zahl beträchtliches Prußenheer an die Weichsel und ins Kulmerland ziehen um Vergeltung zu üben. Kulmsee, in jenen Zeit Bischofssitz, Rheden, Löbau und Strasburg wurden im Verlauf dieser Rachezüge, an denen sich auch erstmals Skomand, der Herzog der Sudauer, beteiligte, erobert, geplündert und in Brand gesteckt. Von beiden Seiten wurden die Kämpfe schonungslos geführt. Die Ordensherren glaubten die Untreue der Aufständischen streng bestrafen zu müssen, während die Prußen überzeugt waren, daß ihre alte Freiheit und Unabhängigkeit das mit Daseinsfreude erfüllte Leben nur dadurch zurückzugewinnen seien, wenn diejenigen, die diese ideellen Güter bedrohten, vernichtet und vertilgt würden.

Ein Wandlung zum Besseren aus der verzweifelten Lage trat erst ein, als Konrad von Thierberg mit dem Marschallamt des Ordens betraut wurde. Er war ein Mann von hohen Geistesgaben, von Tapferkeit, aber auch von Besonnenheit im Kampfe. In der Einschätzung der politischen Möglichkeiten des Ordens blieb er realistisch, und aus seiner neuen Position heraus betrieb er die vorausschauende Planung der Ordensgeschäfte. Es kam ihm dabei zugute, daß er während seiner Tätigkeit für den Orden schon einige andere Ämter bekleidet hatte. Es dauerte bis zum Ende des Jahres 1272, bis ein neues Kreuzheer, vor allem aus dem Rheinland, unter der Führung des Markgrafen Dietrich von Meißen dem Orden die langersehnte Hilfe brachte. 3.000 geharnischte Kämpfer sollen der Kern dieses Heeres gewesen sein und dazu kamen noch 500 gepanzerte Reiter unter dem gräflichen Brüderpaar von Regenstein. Mit den Streithaufen des Ordens bildeten sie eine ansehnliche Truppe, die über Pomesanien ins Ermland zog. Aber der hier erwartete Feind zeigte sich nicht. Erst an der Grenze Natangens trafen sie auf Gegenwehr. Drei Tage dauerte der Kampf um die mit 2.000 Prußen besetzt gehaltene Wehrburg, der mit der Vernichtung der Burgbesatzung endete; Gefangene wurden nicht gemacht und die Wehrburg zerstört. Während der kleinere Teil des Kreuzheeres bei Christburg auf den Kriegshaufen der Pogesanier unter ihrem Hauptmann Linko traf und diesen restlos vernichtete, stellte sich das Hauptheer der Kreuzfahrer bei Braunsberg zur Schlacht. Hier mußten die Natanger unter ihrem Häuptling Hercus Monte weichen und ebenso bei Brandenburg nach überaus tapferer Gegenwehr. Daß diese Kämpfe mit dem Mute der Verzweiflung von den Prußen geführt wurden, beweist die Zahl vieler tausend gefallener Kämpfer, für die alles auf dem Spiel stand: ihr Glauben an die Wirksamkeit der Götter, die Freiheit und Unabhängigkeit des Volkes. Das waren für die Prußen ideelle Ziele, die den Einsatz: das Leben und das Besitztum der Männer wert waren. Die Zahl der gefallenen prußischen Kämpfer in diesen drei Schlachten wird von den Berichtern mit zwölf- bis zwanzigtausend angegeben. [51] Es braucht daher nicht wunderzunehmen, wenn der Mut des Volkes zu Boden sank und tiefe Trauer sich ausbreitete. Dem Widerstand gegen die Eindringlinge wurde dadurch der Boden entzogen, und die Landesburgen wurde eine nach der anderen zerstört.

Auch Hercus Monte, der tapfere Anführer, der seine Stammesgenossen in mancher Schlacht siegreich angeführt hatte, war nach den Kämpfen bei Braunsberg und Brandenburg flüchtig. Den Aufenthalt unter Menschen meidend, hatte er sich in die Einsamkeit des Waldes zurückgezogen. Eine Höhle bot sich ihm und den wenigen Getreuen als vermeintlich sicherer Unterschlupf an. Doch hier wurde er, vermutlich waren seine Gesellen auf Nahrungssuche in dem Nachbardorf, in einem Zelt schlafend von dem

Komtur von Christburg, Hermann von Schönenberg, seinem Begleiter, dem Ordensritter Helwich von Goldbach, und mehreren bewaffneten Knechten während einer Jagd zufällig aufgespürt. Sie erkannten den Schlafenden und warfen ein Netz über ihn. Es gab keine Verhandlung, ohne Federlesens knüpfte man ihn am nächsten Baum auf und sie stachen dem sowieso Todgeweihten noch ein Schwert in die Brust.

Kurz nach diesem Ergeignis fanden Diwane, der Hauptmann der Barter, und Linko der Anführer der Pogesanier einmal zu einer konzertierten Aktion zusammen und brachen mit ihrer Streitmacht in das Kulmer Land auf. Der Komtur von Christburg eilte mit allem, was ihm an Streitern zur Verfügung stand nach. Nach verschiedenen kleineren Geplänkeln kam es an der Sirgune bei dem Dorf Poganste zur Schlacht. Nur wenige Ritter und Mitstreiter entkamen dem Ansturm der Prußen und flüchteten nach Christburg, dessen starke Mauern sie vor der Vernichtung schützten.

Aber auch die Ermländer verloren ihren Häuptling Glappe, hier war mit Sicherheit Verrat im Spiele. Ausgerechnet sein langjähriger Günstling Steynow spielte Glappe mit seiner Burg in der Nähe von Caporn dem Orden in die Hände. Nach Königsberg geführt, endete er am Galgen. Für Glande, des Samlands Häuptling und Linko, der die Barter in den Freiheitskampf mitzureißen verstand, war ebenfalls ein früher Tod bestimmt. Von den jungen Führern der Prußen war nur noch Auctumno übrig, der in Pogesanien für seines Stammes Freiheit kämpfte. Unter seiner Führung rafften die Pogesanier sich noch einmal auf. Sie zogen vor Elbing und brachten die Stadt an den Rand des Unterganges. Das erregte den Landmeister Dietrich von Gatersleben. Vereint mit dem Ordensmarschall brach er nach Pogesanien auf;

das Volk in den anderen prußischen Gauen brauchte er nicht mehr zu fürchten. Von einer Grenze bis zu anderen wurden Dörfer zerstört. Männer, die sich wehrten, erschlagen; Frauen und Kinder weggeführt, so daß das Land wie eine Einöde dalag. „Extunc terra Prussiae quievit in pace!" - „Von da an ruhte das Prußenland in Frieden" schrieb der Chronist des Ordens Dusburg.[52]

Es kann keinem Zweifel unterliegen, daß dieser Krieg mit beispielloser Härte und schonungslos geführt wurde. Die Ordensherren glaubten die Untreue der Aufständischen streng bestrafen zu müssen, während die Prußen überzeugt waren, daß ihre alte Freiheit und Unabhängigkeit, das mit Daseinsfreude erfüllte Leben nur dann zurückzugewinnen seien, wenn die Ordensherren mitsamt ihren Helfern aus dem Lande getrieben würden.

Es steht zweifelsfrei fest, daß eine große Zahl prußischer Adliger wie auch andere Volksangehörige auf der Seite des Ordens kämpfte und das mit der gleichen Hingebung wie ihre Brüder, die sich für Freiheit und Unabhängigkeit des Volkes einsetzten. Manche handelten so um des schnöden Vorteils wegen, manche aber waren überzeugt, daß die Zeit der alten Götter Perkunos, Potrimpos und Pikollos abgelaufen war, sie sahen in der Annahme des Christenglaubens eine Chance für das Überleben ihres Volkes. Dafür mag ein Beispiel stehen, das eine Frau gab, übrigens ein Beispiel dafür, daß Persönlichkeitswert und Austrahlung ganz wesentlich den Grad des Ansehens bestimmen, das ein Mensch unter seinen Mitmenschen genießt. Diese Frau war Nomeda, sie soll eine Schwester des Hercus Monte gewesen sein und die Mutter des Edlen Posdraupote aus dem Geschlecht der Monteminer. Als die Sudauer, erbittert über die Kampfaufgabe der Barter, ihrem Bruderstamm, in das

Barterland stürmten, wurde ihnen von der Burg Beselede lange Zeit Widerstand geboten. Schon wollte die Burgbesatzung sich ergeben, als Nomeda auftrat und ihren Söhnen zurief: Ich bedauere es, euch an meiner Brust getragen zu haben, da ihr es nicht einmal wagen wollt, mein Leben und euer Volk gegen den Feind im offenen Kampf zu verteidigen!"[53] Das Wort der hochsinnigen Mutter nahmen sich die Söhne und die Burgbesatzung zu Herzen. Mit neuem Mut lieferten sie dem andringenden Feind vor der Burg ein erbittertes Gefecht, besiegten ihn und zwangen ihn zum Abzug. Auch die Burg Bartenstein, die schon in die Hand der Sudauer gefallen war, wurde danach zurückerobert und wieder aufgebaut.

An einem Mündungsarm der Weichsel, an der Nogat, aber wurde von den Ordensherren mit dem Bau einer anderen Burg begonnen. Sie sollte den Nachschub für den Orden auf dem Wasserwege sichern. 1274 und 1275 wurde bei dem Dorf Alyem die Marienburg gebaut, ihre Ausdehnung und ihre Großartigkeit erhielt sie später.

Nachdem die Kräfte des Ordens wieder erstarkt waren, machte er sich daran, die noch nicht unterworfenen Landschaften der Prußen zu gewinnen. Unter dem Landmeister Konrad von Thierberg wurde 1275 die Eroberung Nadrauens, der Landschaft ostwärts des Samlandes, vorbereitet und durchgeführt. Hinter dem Wort „durchgeführt" verbirgt sich ein gewaltsamer Zug gegen die Siedlungen dieses Prußenstammes verbunden mit großem Schrecken und viel Leid. Wie Fackeln am nächtlichen Himmel brannten die Dörfer, ihre Bewohner waren in die Wälder geflüchtet. Da hier nicht wie in den anderen prußischen Landschaften Wehrburgen den Vormarsch der Ordensstreitkräfte aufhielten, war die Eroberung Nadrauens schnell vollzogen, zumal viele Nadrauer nach Litauen flüchteten, wo sie gern aufgenommen wurden. Diese

Flucht aus dem Lande ihrer Väter hatte ihre Ursache auch in dem Umstand, daß vom Orden rigoros Unterwerfung und Gehorsam von den Prußen gefordert wurde. Sie auch geistig für den neuen Glauben zu gewinnen und sie mit den neu aus dem Reich ins Land gekommenen Siedlern bekannt zu machen, kam weder dem Ritterorden noch den missionierenden Geistlichen dieser Zeit in den Sinn. Den zurückbleibenden und noch nicht von der Fluchtwelle erfaßten Prußen wurde, ohne sich um deren Einsicht zu bemühen, immer wieder Anlaß gegeben, sich zu empören und zu rebellieren. So wollte der samländische Edle Bonse, den der Landmeister zum Kämmerer von Polathen gemacht hatte, sich eines Tages nach alter Väter Sitte neben der ersten zum zweiten Male mit einer Frau verheiraten und tat dies dem Orden kund. Die Ordensritter verwehrten ihm diese Übertretung des christlichen Sittengesetzes und nahmen einfach die gewünschte zweite Frau fort. Der darüber höchst erzürnte Bonse begann nun landauf und landab im Samland gegen den Orden zu hetzen und rief mit Erfolg zum Aufstand auf. Darauf flammte nicht nur im Samland sondern auch in Natangen, im Ermland und in Pogesanien erneut die Rebellion auf, jedoch ohne größeren Erfolg, denn es fehlten nun die Führer, die dem Aufstand Form und Durchschlagskraft hätten geben können. Die Samländer gaben als erste wieder Ruhe, und als das den Rebellen in Natangen und im Ermland bewußt wurde, liefen ihre Streithaufen wieder auseinander. Nur in Pogesanien beharrten die Freiheitsliebenden in der bewaffneten Empörung. Erst als im Herbst 1277 ein starkes Ordensheer das Land mit Raub, Brand und Plünderung überzog, kehrte auch hier die Friedhofsruhe ein. Die wenigen überlebenden Pogesanier entzogen sich durch die Flucht nach Litauen dem drohenden Strafgericht der Sieger. „So ward Pogesanien eine wüste Einöde, in welcher lange Zeit kaum noch ein Laut zu vernehmen war." schreibt Johannes Voigt, [43)] dabei bezieht er sich auf Peter von Dusburg und Lukas David.

Da die Eroberung Nadrauens schnell vonstatten ging, wurde 1276 gleich auch der Angriff auf Schalauen durchgeführt und seine Eroberung gesichert. Allerlei glückliche Zufälle halfen dem Orden dabei. Ein Teil der Schalauer Bevölkerung wurde ins Samland umgesiedelt. Die Zeit der Ruhe, die der Orden gewann, nutzte er, um Siedler aus Meißen, aus Holland und Jülich, aus Geldern und Westfalen in die eroberten Gebiete zu bringen und sie ansässig zu machen. Dieses Element der westdeutschen Siedler durchsetzte die Siedlungsgebiete der Prußen und wirkte wie ein Sauerteig. Da ohnehin an den bewaffneten Auseinandersetzungen mit den Eindringlingen nur ein Teil der männlichen Bevölkerung aktiv beteiligt war, ging der Weg der Kontaktaufnahme mit den Siedlern über Frauen und Kinder; Neugier auf das Fremdartige war der Antrieb. Am Anfang mag die Zeichensprache gestanden haben, um sich verständlich zu machen. Nachdem man einige Brocken in der Sprache des Anderen, vor allem in der Bezeichnung von Gegenständen erfahren und gelernt hatte, kam man sich auch jenseits des Alltäglichen näher. Man lernte die Lieder der Anderen kennen, ihre Bräuche und allmählich feierte man auch kleine Feste. Die Verschmelzung der beiden Völker war ein Vorgang, der zumindest zwei bis drei Jahrhunderte gedauert hat; hierbei gab es keine Sieger und auch keine Besiegten.

Aber noch war diese Zeit nicht gekommen, noch einmal regte sich der prußische Widerstandswille. Dieses Mal ging die Fackel des Aufstands von den Sudauern aus, dem an Zahl stärksten und an Gebiet wohl dem mächtigsten Stamm der Prußen. Es war ihm wohl bewußt geworden, daß es mit gelegentlichen Hilfeleistungen an die Barter und

Pogesanier nicht getan war, die beiden Bruderstämme vor der Unterwerfung zu bewahren. Ihr Wohngebiet war reich mit Seen jeglicher Größe durchzogen, und eine große Anzahl von Sümpfen und Morästen machten Landesfeinden das Eindringen in dieses Gebiet schwer, wenn nicht gar unmöglich. Die schwierige Landesnatur, aber auch der Umstand, daß es dem Orden bis dahin nicht gelungen war, die Schicht der Edelleute und Vornehmen durch Gewährung von Vorrechten und anderer Gunstbezeigungen zu korrumpieren, hatten mitgeholfen, daß die Sudauer bis 1277 ihre Souveränität uneingeschränkt behielten. Außerdem stand das Volk der Sudauer in dem Ruf, das tapferste und mutigste der prußischen Völker gewesen zu sein. Von klein auf lernten die Knaben mit den Waffen umzugehen, selbst die Ausübung der Jagd wurde als kriegerische Vorübung gesehen. Es wird berichtet, daß es den Sudauern ein leichtes gewesen sei, „über sechstausend erlesene Reiter und eine unzählige Masse Fußvolkes aufzubringen." [55] Merkwürdig jedoch ist es, daß eine solch starke Streitmacht während der Kämpfe mit dem Orden in den nächsten Jahren nie in Erscheinung getreten ist. Die gewaltsame Auseinandersetzungen begannen mit einem Kriegszug Herzog Skomands ins Kulmer Land, den er mit viertausend Sudauern, verstärkt durch Litauer und Samaiten unternahm. Einige Burgen von Edelleuten wurden zerstört, nur an die starke Marienburg und einige andere gut besetzte Ordensburgen wagten sich die Sudauer nicht heran. Furchtbar mußten die Menschen und das Land leiden. Eine beträchtliche Anzahl von Dörfern, unter denen viele gerade erst wieder aufgebaut worden waren, wurde durch Brand und Waffengewalt zerstört, ungezählte Massen von Männern, Frauen und Kindern wurden als Beute weggetrieben und verschleppt. Die Ordensgebietiger wagten es nicht, die Kriegsmannschaften ihrer Verteidigungsburgen gegen die Sudauer einzusetzen, weil sie einen allgemeinen Aufstand der Prußen befürchteten und zudem im Jahre 1277 keine Hilfe vom Kaiser und Papst zu erwarten war. Dennoch brachte der Ordensmarschall Konrad von Thierberg eine Streitmacht von 1.500 Reitern und dazugehöriges Fußvolk auf die Beine und drang ins Gebiet der Sudauer ein. Seine geschickte und planvoll durchdachte Kriegführung, die die Sudauer unaufhörlich beschäftigte und zu deren Ermüdung führte, ließ ihn bis in die Mitte des sudauischen Gebietes bei dem heutigen Filipowo gelangen, nordwestlich von Suwalki. Das Kriegsgeschehen zog sich mit wechselnden Erfolgen beider Seiten über Jahre hinweg, auch Skomands Wohnburg am Selment-See wurde dabei vernichtet. Skomand selbst war nicht in der Burg, er war damit beschäftigt ein weiteres starkes Heer aufzustellen und auszurüsten. Konrad von Thierberg, der Ordensmarschall und spätere Landmeister, trat von seinem Amte zurück, weil sein Körper den Strapazen des Kriegszuges nicht mehr gewachsen war. An seiner Stelle ernannte der Hochmeister den Ritter Konrad von Feuchtwangen zum neuen Landmeister, der später seiner lauteren Persönlichkeit wegen zum Deutschmeister ernannt wurde.

Der neue Landmeister war jedoch nur kurze Zeit im Amt; er fühlte sich den Anforderungen, die das Amt an ihn stellte nicht gewachsen und bat den Hochmeister um Entbindung von seinen Pflichten und Aufgaben. Der Hochmeister ernannte nun den Ordensritter Mangold von Sternberg zum Landmeister in Preußen und Livland.

Die Sudauer glaubten darin eine Schwäche des Ordens in seiner Kampfführung zu erkennen und brachen 1280, verstärkt durch ein litauisches Aufgebot, in das vom Orden besetzte und besiedelte Land vor allem ins Samland ein. Unter dem neuen Landmeister, der zuvor schon einige Jahre Komtur von Königsberg gewesen war, wurden Wirklichkeit und Plan so aufeinander abgestimmt, daß eines das andere bedingte. Die Not des Ordens erforderte es, sich gegen weitere sudauische Angriffe militärisch so zu wappnen, daß höchstens örtlich begrenzter Schaden ohne größere Folgewirkung entstand, aus dem heraus man mit treffsicheren und wirkungsvollen Gegenangriffen beginnen konnte, deren Ziel die Unterwerfung des einzigen noch freien Prußenstammes war. Durch vermehrte Besiedlung des Landes sollte aus neu dazugekommenen Deutschen und bekehrten und ergebenen Prußen ein neues Ferment gebildet werden, das die kriegerische Planung absicherte. Diese Absichten machte Mangold von Sternberg in einer ersten Zusammenkunft allen Komturen deutlich und ermutigte sie, jeder an seinem Ort und in seinem Amt mit konkreten Maßnahmen zu beginnen. Die Sudauer hielten das stille Wirken des Ordens für Schwäche und fielen abermals in das Samland ein. Doch den Ordensbeamten gelang es, die Bevölkerung rechtzeitig zu warnen, so daß diese sich mit all ihrer Habe in die Burgen flüchten konnte. Daher war der Beute- und Verheerungszug der Sudauer in seiner beabsichtigten Wirkung abgeschwächt, zudem wurden diese von der Kunde ereilt, daß ein schlagkräftiger Verband von zwölf Rittern und einer mehrfach größeren Reiterschar in ihr Land mit Feuer und Schwert eingedrungen war und an verschiedenen Stellen auch Burganlagen zerstört hatte. Das bewog die Sudauer zur sofortigen Heimkehr. Schon im Winter 1281 sammelte Mangold von Sternberg die zur Verfügung stehende Kriegsmacht des Ordens und brach mit ihr in das Stammesgebiet der Sudauer ein. Der schon legendär tapfere und von den Sudauern überaus gefürchtete Komtur von Tapiau, Ulrich Baier, verlor dabei sein Leben. Wie er es sich gewünscht hatte: – sterben wie Christus –, erlitt er vier Wunden an Händen und Füßen und die Todeswunde ins Herz. Der

Tod dieses durch seine Tapferkeit bekannten Ordensritters wog den Sudauern mehr als die verlorene Schlacht. Während des Kampfes fiel den Sudauern aber auch der Ordensritter Ludwig von Liebenzell als Gefangener in die Hände. Die Gefangennahme dieses Ritters leitete in ihrer Wirkung wahrscheinlich eine Wende im Kampf mit dem letzten noch freien Stamm der Prußen ein. Der Ritter von Liebenzell wird dem Herzog Skomand vorgeführt. Vielleicht ist dabei, in der Begegnung von Mensch zu Mensch die erste Sympathie aufgekeimt. Im Blick vom Menschen zum Menschen gewahrt man des Anderen Persönlichkeit, und das erste achtungsvolle Vertrauen keimt in den Seelen auf. Skomand gewahrt auf den ersten Blick, daß er einem Gleichen gegenübersteht, und er lädt den Liebenzell an seine Tafel. Sie haben bald einen von Vertrauen geprägten Umgang miteinander. Sie führen in der nächsten Zeit viele Gespräche; reden ist häufig besser als kämpfen. Da lädt ihn der Prußenhäuptling zu einem Gastmahl mit reichlich bemessenen scharfen Getränken, und zu vorgerückter Stunde schmäht den Liebenzell einer aus der Tafelrunde Skomands. „Hast du mich dazu eingeladen, daß ich die Schmähungen dieses Mannes widerstandslos ertragen soll?" „Nein", antwortet Slomand, „auch mir tut diese Beleidigung leid; verteidige dich gegen den Schimpf, der dir angetan wurde, ich werde dir beistehen." Der Ritter ergreift ein ihm gereichtes Schwert und in einem schnellen und geschickt geführten Kampf streckt er den Gegner nieder. Die Umstehenden, die den Zweikampf mitangesehen hatten, staunten und lobten des Ritters Behendigkeit. Skomand aber befürchtete, daß jemand aus der Verwandschaft des Getöteten dem Freunde nach dem Leben trachten könnte. Heimlich ließ er durch einen Getreuen den Ritter von Liebenzell auf unbekannten Pfaden aus dem Lande geleiten und zu den Seinen führen. Durch die Gespräche mit dem Ritter auch in seinen religiösen

Vorstellungen unsicher geworden, gedachte er an die Verwüstung seines Landes, wohl auch an die Menschen, deren Leben in den künftigen Kämpfen noch bedroht war. Vielleicht hat er die überlegene Strategie der Ordensritter erkannt, deren Hilfsquellen aus dem Reich unversiegbar schienen. Wir können seine Gedanken und Überlegungen nur erahnen. Skomand verließ mit seiner Familie und vielen Freunden, nachdem er ihnen seine Gedanken mitgeteilt hatte, die Heimat und begab sich nach Semgallen, eine der westlichen Landschaften Rußlands, um Abstand zu gewinnen. Ob es die Stille oder die Einsamkeit war, die ihn hier umgab, wir wissen es nicht; es zog ihn jedoch bald wieder in die Heimat zurück. Er stellt sich an die Spitze eines Sudauerheeres, aber es kommt zu keiner großen Schlacht mehr, nur zu kleineren Scharmützeln, die ihm die Ausweglosigkeit seines Kampfes offenbaren. Er begibt sich mit seinen Angehörigen und einigen Freunden, die Skomand auch in dieser Lage nicht verlassen, zu den Ordensherren und läßt sich taufen. Der Orden läßt ihn zunächst einige Jahre auf der Burg Balga wohnen und schenkt ihm das Gut Steynio (Groß-Steegen), und hier lebt er mit seinen Söhnen Rukals, Gedetes und Galms bis zu seinem Tode im Jahre 1285.[56)] Unter einer alten Linde im Kirchdorf Kanditten soll er begraben sein.

Der Kampf um Sudauen aber zog sich noch einige Jahre hin, denn der Wille zur Aufgabe des Glaubens ihrer Väter war bei den Sudauern noch nicht erloschen. Als Skomand resigniert hatte, stellte sich der Edle Wadole, einer von Skomands Getreuen, an die Spitze des Widerstandes. Wadole lebte in der Landschaft Selien, vielleicht in der Gegend von Lyck, wo es am Selment-See ein Dorf Seliggen gab. Doch Wadole unterlag 1283 dem Heer des Ordens, das unter Mangold von Sternberg nach Sudauen gezogen war. Viele der Sudauer fielen auf dem Kampfplatz. Auch das Ordensheer hatte erhebliche Verluste zu beklagen. Einer, der schwer verwundet von den Ordensrittern zurückgelassen wurde, war der Ritter Ludwig von Liebenzell.

Fast dem Tode nahe wurde er von einigen Sudauern aufgehoben und aus vielen Wunden blutend auf ein Pferd gebunden. Sie brachten ihn zu ihrem Herrn, dem neuen Herzog der Sudauer, Kanthegerde. Der kannte den Liebenzell noch aus der Zeit Skomands und hatte ihn achten gelernt. Er ließ ihn gesund pflegen und nahm ihn danach in seinem Hause auf. Man kann mit Recht vermuten, daß so manches Gespräch über Glaubensfragen, über Fragen der gewaltsamen Auseinandersetzung von den inzwischen zu Freunden gewordenen geführt wurde. Doch schon nahte ein neues Ordensheer unter dem neuen alten Landmeister Konrad von Thierberg. Ob es nun an der Beredsamkeit oder Überzeugungskraft Ludwig von Liebenzells lag, Kanthegerde, an der Hand seines neuen Freundes trat dem Landmeister entgegen und ließ sich mit 1600 Sudauern taufen. Er und seine Getreuen schieden aus dem Sudauer Volk aus und unter der Wegeleitung des Ritters von Liebenzell wurden sie in die Nordwest-Ecke des Samlandes geführt, die seitdem Sudauer-Winkel hieß. Nach dem Weggang Kanthegerdes stellte sich der Edle Gedete an die Spitze des Kampfes. Doch gegen die Überlegenheit des Ordensheeres blieb er ohne Erfolg und zog sich zunächst nach Litauen zurück. Nach einigen Jahren des Lebens in der Fremde zog es ihn und 1.500 seiner Getreuen in die Heimat zurück, und sie ergaben sich der Herrschaft des Ordens. Dieser beschenkte ihn reich mit Ländereien im Samland, bei Mednicken nahe bei Königsberg.

Auch der letzte noch in Freiheit lebende Heerführer der Sudauer, Skurdo, der sich nun an die Spitze der Widerstandsbereiten gesetzt hatte, mußte schon bald erkennen, daß der Kampf aussichtslos geworden war. Der Orden setzte in seinen Heeren zunehmend getaufte Prußen ein; so stand mit fortschreitender Zeit Pruße gegen Pruße. Nicht zuletzt darum schwand der Widerstandswille mehr und mehr, und Skurdo sagte das eines Tages unumwunden seinen versammelten Getreuen und stellte sie vor die Wahl, entweder sich zu ergeben oder mit ihm nach Litauen auszuwandern. Sie entschieden sich für das letztere. Mit der Habe, die des Mitnehmens wert war und nach Zerstörung ihrer Häuser durch Feuer, zogen die Sudauer ins Land ihrer Nachbarn, der Litauer, um einige Jahrhunderte später als „litauische" Zuwanderer wieder in die Heimat zurückzukehren.

Dreiundfünfzig Jahre insgesamt hatte der Kampf gedauert, seit dem die Ordensherren ins Land gekommen waren, davon über 22 seit der Erhebung der Prußen gegen ihre Bezwinger. Nicht nur hatte das Volk der Prußen seine Freiheit und Unabhängigkeit verloren, sondern auch seine Kultur und seine religiöse Welt waren zerstört. An die Stelle der heiligen Stätten in den Wäldern waren die christlichen Gotteshäuser getreten. Der Glaube an die Macht der Götter war mehr und mehr geschwunden, an seine Stelle trat ein aufgezwungener Glaube an die Macht eines Heilandes, der selber von seinen Widersachern einen schmachvollen Tod am Kreuz sterben mußte. Alles, was an Volksweisheiten, an Bildung, Kultur und Unkultur der geistige Besitz eines Volkes war, galt nicht mehr und war in einem wilden Kampf vernichtet worden. Ein Volk war mit seiner Seele untergegangen, es hatte seine Identität verloren oder offener gesagt: Sie war ihm zerstört worden.

Wir wissen heute, daß es kein Gesetz gibt, mit dessen Recht man einem anderen Volke seine von den Vätern ererbte Verfassung, seinen Glauben, seine Sitten nehmen kann, um ihm eine fremde Verfassung, einen ihm fremden Glauben, ihm fremde Sitten aufzuzwingen. Bedenkt man auch die zeitliche Länge des Kampfes, die Gräßlichkeiten und Greuel die an Menschen verübt wurden, die Verwüstung des Landes und seiner vormals intakten Siedlungen und Dörfer, so erfährt man das ganze Ausmaß der Zerstörung. Hier erkennt man im wahren Sinne des Wortes, zu welcher Finsternis das Mittelalter und die Menschen, die es gestalteten, fähig waren, neben den Höhen geistiger und künstlerischer Leistungen. Und so sollte man auch im Betrachten unseres Jahrhunderts fragen: Wie kommt es, daß die Menschen zeitweilig in die Denkweise und das Handeln des Mittelalters zurückfallen? - Die Frage zu beantworten, geht über die Aussage und die Absicht dieses Buches hinaus; vielleicht gibt es eine Anregung, die eben gestellte Frage zu beantworten.

Kehren wir in der Betrachtung über die Gründe, die zur Niederlage des Prußenvolkes führten zurück. Sicher kann man sagen: Die Prußen hätten sowieso als Volk auf die Dauer dem Orden nicht widerstehen können, schon gar nicht ohne eine organisierte staatliche Ordnung die das Volk hätte zusammenführen und seinen Staat bewahren können. Es fehlte ihnen das Bewußtsein einer Schicksalsgemeinschaft untereinander. So sahen die Pogesanier tatenlos zu, als die Pomesanier von den Masowiern und dem Orden angegriffen wurden; bei den Barten und Warmiern trat die gleiche Erscheinung wieder auf, als die Pogesanier um die Freiheit kämpften. Und als die Warmier, Natanger und Samländer um ihre Unabhängigkeit kämpften, schauten die Nadrauer, Schalauer und Sudauer zu, so als drohe ihnen keine Gefahr. Es fehlte den Prußen der Blick und das Erkennen dafür, daß der gesamten prußischen Welt die Gefahr der Vernichtung ihres Lebens drohte.

Sicher ging es für sie auch um Perkunos, Potrimpos und Pikollos und die prußische Götterwelt auf der einen Seite und auf der anderen um einen Gott, der seinen Sohn sterben ließ, damit die Menschheit gerettet werden konnte. Was der Deutsche Ritterorden in Ungarn angestrebt hatte, die Errichtung eines autonomen Ordensstaates und darum durch den ungarischen König Andreas aus dem Lande getrieben wurde, das hat er im Lande der Prußen mit Unterstützung durch Kaiser und Päpste in weitaus größerem Stil vollendet. Der Preis dafür: Ein Volk mußte nach über 50jährigem Kampf seine Identität aufgeben, um eine andere zu gewinnen, die nur noch zum Teil seine eigene war. Angesichts dieser Tatsachen müssen wir uns fragen: Welches sind die Gründe dafür, daß das Prußenvolk nach fünf Jahrzehnten erbitterter und tapferer Gegenwehr ein geschlagenes Volk waren. Im wesentlichen sind es folgende Gründe:

1. Bei den Prußen hatte sich in vielen Jahrhunderten der Nichtbedrohung die Überzeugung gebildet, daß ihre Welt unveränderlich sei.

2. Als Folge der selbstgenügsamen Stammes-Seligkeit gab es bei ihnen keine Zentralgewalt, die den Zusammenhalt der elf Stämme hätte bewirken und in Krisenzeiten die Führung hätte ausüben können. Das Bewußtsein, einem Stamme anzugehören und nur für diesen in der politischen Auseinandersetzung einzutreten und zu kämpfen war ihnen genug.

3. Die Fehleinschätzung des deutschen Gegners, dessen Planungen, anders wie bei den polnischen Masowiern, nach den Grundsätzen der Realitätsbezogenheit entwickelt wurden, wirkte sich verhängnisvoll aus.

4. Es fällt auf, daß kein zentraler Aufruf des Griwe zur Abwehr der Ordensangriffe bekanntgeworden ist, oder aber die Berichterstatter, vornehm-

lich Bischof Christian und der Ordenschronist Peter von Dusburg haben ihn mit Wissen verschwiegen. Eine Person, die wie der Griwe bei den Prußen in Friedenszeiten höchste Verehrung genoß, wird auch in Krisen und Kriegszeiten auf die ein oder andere Weise in die Auseinandersetzungen eingegriffen haben.

In der Zusammenschau kann man sagen daß, in einer Zeit, als es darauf ankam, den Prußen das Bewußtsein, ein Volk zu sein, fehlte, eine Nation zu sein, die stark genug war, sich fremdem Willen erfolgreich zu widersetzen.

Nachbetrachtungen

Zur Sprache

Es ist eigentlich erstaunlich, wie wenig die Prußen und ihr Schicksal das Interesse der Historiker unserer Zeit gefunden haben. Freilich, die Quellen sind kärglich, noch dazu einseitig und verstellend und darum wenig verheißungsvoll. Jedoch die Tatsache, daß die Sieger in einem Eroberungskampf nach und nach den Namen der Besiegten angenommen haben, sagt doch viel über die Sinnesart und die Haltung dieses Volkes aus. Man identifiziert sich gern mit einem Volk, wenn die lobenswerten Aussagen über seine Wesensart, die Gesinnung seiner Menschen und seine Haltung in guten wie in schlechten Lebenslagen bei weitem überwiegen, wenn man sie idealisieren kann. Unter dem Schutz des Ordens kamen Siedler aus den Niederlanden, Niedersachsen, Westfalen und Schwaben in das neu gewonnene Preußenland. Sie veränderten allmählich die mitgebrachte Mundart und nahmen die breite, aufs Wesentliche gerichtete Sprechweise der Einheimischen auf, ohne jedoch deren Sprache, das Prußische, zu lernen und anzuwenden. Das Prußische starb allmählich aus, für die Zeitgenossen war das kaum erkennbar. Albrecht von Brandenburg, der letzte Hochmeister, der 1525 protestantisch wurde, und erster Herzog von Preußen, tat viel für die Erhaltung der prußischen Sprache und die Aufzeichnung der prußischen Geschichte durch Lukas David. In den Kirchen ließ er prußisch predigen, oder wenn der Pfarrer die prußische Sprache nicht beherrschte, durch einen Tolken, einen Dolmetscher, von einer zweiten Kanzel aus die Predigt Satz für Satz ins Prußische übersetzen. Auch die drei Übersetzungen des Katechismus wurden auf sein Geheiß angefertigt. Die erste Übersetzung von 1545, die Mängel in der sprachlichen Genauigkeit aufwies, war in der Mundart des

Samlandes gehalten, „dem rechten preußnischen orth und strich". Ihr folgte noch im selben Jahre die zweite wesentliche bessere Übersetzung. Sie wurde offensichtlich von einem Kollegium von Sachverständigen besorgt. Darüber gibt folgender Satz Auskunft:

„Es sind nicht alleyn Wol erfarne landes tolcken / sondern auch dieser sprach verstendige leütt, die eins theyls von geburt und Eltern preüßnisch / und hernach auch deüdsch und Latinisch gelernt / hie zu diesem corrigiren gebraucht wurden." [57]

Leider betrug die Auflage dieser zweiten Übersetzung nur 190 Stück; obwohl sie als beste der drei Übersetzungen gilt.

Mit der dritten Übersetzung wurde der Pobethener Pfarrer Abel Will beauftragt. Im Jahre 1561 gab er sie in Königsberg heraus: „Enchiridion. Der kleine Catechismus Doctor Martin Luthers / Teutsch und Preussisch."

Sprachforscher haben von Anfang an über den sprachlichen Wert dieser dritten Übersetzung gestritten und gemeint, daß sie in den Ohren alter Preußen sehr grauslich geklungen haben möge. Abel Will bediente sich bei der Übersetzung zwar eines Tolken, doch dieser stand ihm nur sporadisch zur Verfügung, weil er von einem unfreundlichen Gutsherrn abhängig war. Deshalb bediente sich Will auch anderer Leute, die vermeintlich noch etwas prußisch sprechen konnten. Von daher ist es zu verstehen, daß der sprachliche Wert dieser dritten Übersetzung nicht allzu bedeutend ist.

Auch die drei Übersetzungen des Katechismus konnten auf die Dauer nicht das Sterben der prußischen Sprache aufhalten. Es war eben die Sprache der Besiegten, wer will schon zu denen gehören? Die stetig neu ins Land kommenden Siedler, Beamten und Soldaten hatten nicht die Zeit und die Muße die absterbende Sprache der Einheimischen zu erlernen. Sie hielt sich noch bis über die Mitte des 17. Jahrhunderts. Heute findet die prußische Sprache noch bei Philologen Interesse und bei Nachfahren alter Prußen, die sich zu einem Freundeskreis zusammengeschlossen haben und auf diese Weise die Sprache ihrer Väter pflegen.

Ein „friedliches Volk" - Zur Friedensliebe

Es steht außer Frage, daß das Leben und der Lebensrythmus bei den Prußen durch viele Jahrhunderte hindurch von der bäuerlichen Lebensweise geprägt waren; daran änderte auch nichts, daß die an der Küste wohnende Stämme in beschränktem Umfang die Seefahrt und den Fischfang ausgeübt haben. Die von der Natur diktierten Gegebenheiten wurden von ihnen als unabänderlich hingenommen, nicht im Sinne eines unentrinnbaren Muß, sondern man bemühte sich, ihnen Lebens- und Daseinsfreude abzugewinnen, die teilweise kultische Formen annahmen. Von daher ist es auch zu verstehen, daß sie in dem sicheren Bewußtsein lebten, daß „ihre Welt unveränderbar" sei. Viele Jahrhunderte hatten sie in diesem Bewußtsein und dieser Erfahrung gelebt. Von daher ist auch zu verstehen, daß ihnen ausgewogenes Glücksbewußtsein und heitere Zufriedenheit mit ihrem Leben zu eigen waren, sie waren Menschen, deren Gesellschaft man suchte, um daran teilzuhaben. Ja, selbst das Wissen um Recht und Unrecht ging kaum über den Tag hinaus und wirkte sich nur selten aus. Darum gab es bei ihnen nur wenig anhaltende Streitereien, die häufig anderwärts das Zusammenleben der Menschen belasten. Jahrhundertelang hatten die Prußen in Frieden gelebt; er war ihnen als selbstverständlicher Ordnungsfaktor ihrer Welt bewußt. Sie haben in Frieden gelebt und den Frieden geliebt. Als Beweis für die Richtigkeit dieser These mag vor allem anderen gelten, daß in ihrer waffentechnischen Ausrüstung seit Urväter Zeiten die Schlagkeule als des Mannes Wehr galt. Sie begleitete den Prußen auf seinen Wegen über Land, wenn diese mit einem vorausschaubaren Risiko verbunden waren, das von wilden Tieren, Wolf, Bär oder Luchs ausging. Nach der Keule waren das Schwert, der Speer, der Schild, und Pfeil und Bogen die gebräuchlichsten Waffen. Leichtes und schweres Belagerungsgerät waren den Prußen fremd und kamen erst später in geringem Umfang auf. [58)] In ihrer Ausrüstung eine fortschrittliche Waffenentwicklung anzustreben, die die Vernichtung des Gegners zum Ziel hatte, kam diesem friedliebenden Volk gar nicht erst in den Sinn. Auch der später vom Orden geregelte Waffendienst auf Grund des Besitztums, war den Prußen fremd. Ob sie sich in der Vorordenszeit an einem Kriegszug beteiligten oder nicht, entschied der einzelne selbst. Wer mit auszog, einen Feind abzuwehren, der zog mit auf eigenes Risiko und Gewinn. Als Konrad von Masowien ins südliche Kulmer Land einfiel, um es zu unterwerfen, fühlten sich nur die Pomesanier bedroht und schlugen zurück. Allenfalls leisteten einige Sassen und Pogesanier ihren Brüdern Waffenhilfe; die weiter ab wohnenden Natanger oder Samländer nahmen des Kampfgeschehen nur zur Kenntnis. Diese Abneigung gegen Krieg und Kriegsdienst hatte in der bei ihnen allgemein verbreiteten Lebens- und Daseinsfreude ihren Ursprung, steuerte sie aus dem Unterbewußtsein und machte sie zu friedliebenden Menschen.

Zur Stellung der Frau in Familie und Gesellschaft

Zu dem weiter oben erwähnten Aufruf, den der Papst Honorius III. im Jahre 1217 ergehen ließ, um die damalige Christenheit zu einem Kreuzzug gegen die Prußen zu bewegen, muß man bemerken, daß wahrscheinlich eine Falschmeldung den Papst zu seinem

Tun veranlaßte. In dem Aufruf heißt es, daß „...die Frauen und Töchter (der Prußen) unterdrückt und wilder Lust preisgegeben..." würden. Wurde hier ein Schauermärchen erfunden, um die kreuzzugsmüde gewordene Christenheit wieder auf die Beine zu bringen, oder hat „sex appeal" schon im 13. Jahrhundert eine Rolle gespielt und die Männer angeregt? Als die Pomesanier 1210 den Masowierherzog Konrad mit seiner Streitmacht abgewehrt und bis nach Masowien hinein verfolgt hatten, verlangten die Prußen in den folgenden Verhandlungen weder Geld noch Land als Wiedergutmachung sondern „4.000 schöne Kleider." Wann hat es das schon einmal in der Geschichte der Völker gegeben, daß ein in der Feldschlacht siegreiches Heer als Wiedergutmachung „schöne Kleider" für die daheimgebliebenen Frauen fordert. Nach den Berichten über dieses Geschehen kann man als sicher annehmen, daß die Prußen ihre Frauen nicht mehr unterdrückten, als das bei anderen Völkern geschah, ja daß sie der bäuerlichen Einfachheit daheim einen Glanzpunkt aufsetzen wollten und ihren Frauen eine besondere Freude und damit eine schöne, annehmbare Abwechslung bereiten wollten. Ja, die Forderung der Prußen nach „schönen Kleidern" legt den Schluß nahe, daß die Frauen sich besonderer Wertschätzung erfreuten und die prußischen Männer werden nicht so „wild und ungesittet", so ohne Manieren gewesen sein, wenn sie nach „schönen Kleidern" verlangten; der Blick für Schönheit und Anmut scheint doch ausgeprägter gewesen zu sein, als das manche, vor allem polnische, Chronisten meinten berichten zu müssen.

Noch ein anderes Beispiel für die Wertschätzung der Frau bei diesem Naturvolk belegt das Ansehen, das eine Mutter genoß. Während der Belagerung der Burg Beselede (Beisleiden) nahe bei Bartenstein, wurde der Burghauptmann getötet. Als seinen Söhnen, überwältigt von Trauer, der Mut zur weiterer Verteidigung entsank, rief Nomeda, die Frau des Getöteten die Söhne zu neuem Widerstand auf. Hier galt das Wort der Mutter, und es gab den Ausschlag zur Verteidigung der Burg. Die Kraft und die Ausstrahlung die von einer Person ausgehen, ihr Ansehen in der Gesellschaft, gleichgültig ob die Person ein Mann oder eine Frau ist, bewegen die Geschehnisse und deren Verlauf. Das wird bei den Prußen nicht anders gewesen sein als bei anderen europäischen Völkern. Hier liegt ein positives Zeugniss über das Ansehen der Frau bei den Prußen vor. Still und unauffällig wird die Frau bei den Prußen gewirkt haben, beim Zusammenhalt der Familie, in der Trauer und in der Freude gleich verläßlich hat sie ihre Aufgabe erfüllt. An der Seite des Mannes, diesem in der gesellschaftlichen Stellung nachgeordnet, ihm doch in treuer Gefährtenschaft verbunden, sah sie Sinn und Aufgabe des Lebens.

Stellung der Prußen zum Orden und im Lande

Nach Beendigung der letzten Kämpfe im Samland, ließ der Orden den größeren Teil des Volkes spüren, daß er nicht willig seine Führung angenommen hatte. Allerdings konnte er sie auch nicht wirkungsvoll bestrafen und aus ihrem Eigentum vertreiben, von Einzelfällen abgesehen. Er ließ sie zwar auf ihrem Grund und Boden sitzen, betrachtete diesen aber als sein alleiniges Eigentum. Demgemäß richtete er ein abgestuftes System an Abgaben und Leistungen ein, und nur in Ausnahmefällen stellte er urkundliche Verbriefungen über den Umfang des Besitzes an Grund und Boden aus. Starb eine dieser Familien aus, so ließ er den Grundbesitz nach Gutdünken und Wohlwollen einer anderen Familie zukommen. Selbstverständlich hatten diese Prußen im Kriegsfalle, die Pflicht sich bei dem Ordensheer zum Dienst zu stellen, und beim Burgenbau mußten sie Frondienst leisten. Von einer allgemeinen Zinspflicht der bäuerlichen Bevölkerung in der Zeit der Ordensherrschaft ist nichts bekannt geworden. Wenn man die Lage der Prußen mit der ihrer Nachbarn vergleicht, so waren diese weitaus schlechter gestellt. Im deutschen Reich waren die Menge und das Maß der Leistungen eben etwas schärfer als in Preußen. Hier hatten die Menschen Steuern- und Zollabgaben zu entrichten in einer Vielfältigkeit und Höhe, wie man sie in Preußen nicht kannte. Auch in Pommern war die Zahl der Leistungsabgaben wesentlich höher, und im benachbarten Polen kamen noch die schweren Strafen hinzu, die z.B. ein Untertan für einen entflogenen Jagdfalken, den er zur Pflege hatte oder für ein getötetes jagdbares Tier, z.B. Biber, das Schaden auf dem wenigen zur Verfügung stehenden Land angerichtet hatte und darum von dem Geschädigten getötet worden war.

Die Kulmer Handfeste

In Ergänzung des weiter vorn Angeführten sei noch folgendes bemerkt. Das am meisten ausgeübte Rechtssystem war die Kulmer Handfeste aus dem Jahre 1233, das zunächst für die Bewohner der Städte Kulm und Thorn, wie auch etwas später für die prußische Landbevölkerung galt. Die Grundlage dieses Systems ist das Allod, das volleigene Familienvermögen; dieses steht im Gegensatz zum Lehen, dem ver- oder geliehenen Land. Auch die Inhaber eines Allod waren zum Kriegsdienst verpflichtet, je nach Besitzstand. Wer vierzig Hufen Landes besaß, mußte im Kriegsfalle selber in voller Waffenrüstung auf einem gesattelten Pferd, das einen geharnischten Reiter tragen konnte und wenigstens zwei bewaffneten Knechten beim Landesherrn oder dessen Beauftragten erscheinen. Wer weniger als diese Hufenzahl bis zu 10 Hufen Landes besaß, mußte sich mit dem Platengeschirr, das war ein Brustharnisch und leichten Handwaffen sowie einem weiteren Pferd zum Dienst melden, darum wurde dieser Dienst auch Platendienst genannt. In Friedenszeiten hatte jedes Familienoberhaupt für sein Erbgut an den Orden einen Kölnischen oder fünf Kulmische Pfennige zu zahlen und zwei Pfund Wachs, außerdem an den Bischof den Zehnten zu entrichten. Der dem Allod zuzurechnende unbewegliche Besitz konnte frei und unbeschränkt veräußert werden. Sofern ein Besitzer im Todesfall nicht schon anderweitig über sein Habe verfügt hatte und ohne leibliche Erben zu hinterlassen starb, fiel dieser Besitz an den Orden. Vor dem geplanten Verkauf eines Besitzes war der Verkäufer verpflichtet, eine dem Zeit- und Gut-Wert entsprechende Bürgschaft zu leisten, in der er zum Ausdruck brachte, daß er nach der Besitzveräußerung nicht zu den Heiden oder Feinden des Ordens überlaufen wolle. Wörtlich sei aus diesem Gesetz folgender Passus zitiert: „Wir wollen aber, daß auf den Gütern der vorgenannten Bürger von jedem deutschen Pfluge ein Maß Weizen und ein Maß Roggen in Leslauer Maß, das auf deutsch Scheffel heißt, und vom polnischen Pfluge, der Haken, heißt ein Maß Weizen in derselben Maßeinheit alljährlich dem Diözesanbischof als Zehnter zu leisten sind. Wenn aber dieser Bischof die genannten Leute wegen weiterer Zehnten bedrängt, so ist unser Haus verpflichtet, für sie zu haften." Damit behielt sich der Orden die letzte Entscheidung vor. Über das Schlagen von Münzen bestimmte die Handfeste folgendes: „Wir bestimmen endlich, daß eine Münze im ganzen Lande gelten soll, und daß die Pfennige aus reinem und unverfälschtem Silber geschlagen werden. Die Pfennige sollen auch immer den gleichen Wert behalten, so daß ihrer sechzig auf eine Mark Gewicht gehen, und diese Münze darf alle zehn Jahre nur einmal erneuert werden, und wenn sie erneuert wird, sind zwölf neue gegen vierzehn alte auszuwechseln." [59]

Familien- und Personennamen

Mancher deutsche Bürger weiß nicht, daß sein Name prußischen Ursprungs ist. Er braucht ihn halt, wie man so viele Dinge des alltäglichen Lebens für selbstverständlich hält und macht sich keine Gedanken über seine Herkunft. Mancher versucht hier Antwort zu bekommen und strebt danach, Zusammenhänge zu entdecken und seinen Namen einer deutschen Lanschaft zuzuordnen. Bei Huber (Bayern), Hiller (Schlesien) Lindholm (nordelbisch) ist die Herkunft offensichtlich; aber wie ist das bei Jonike, Perbandt und Sude? Es steht außer Frage, daß diese drei Namen prußischen Ursprungs sind. Bei manchen Namen hat im Laufe der Zeit eine Lautverschiebung stattgefunden, bei anderen wieder hat ein behördlicher Schreiber einen Namen eigenwillig oder nur nachlässig lautiert und ihn dadurch verändert. Auf dem Gebiet der Namensforschung erlebt man die wunderlichsten Überraschungen. Wer nach der Herkunft seines Namens fragt, der vermutlich einen etwas fremdklingenden Akzent hat, z.B. Jelitto – dieser Name ist nicht italienischen, sondern prußischen Ursprungs –, dem seien zwei Namenbüchlein empfohlen mit deren Hilfe er sehr bald feststellen kann, ob sein Name prußischer Herkunft ist. Das eine ist:

1. Reinhold Trautmann, Die altprußischen Personennamen, Vandenhoek u. Ruprecht. mit etwa 2.500 prußischen Familiennamen und deren abgeleitete Formen, und das andere:

2. Heinz Georg Podehl, 4444 ostpreußische Namen, prußisch erklärt, Rautenberg.

Diesen beiden Sammlungen sind die rund 500 Namen des anhängenden Verzeichnisses entnommen. Wer einen prußischen oder prußisch abgeleiteten Namen trägt, hat Anlaß seiner Vorfahren dankbar zu gedenken, ist doch ihr Name mehr als eintausend Jahre alt und war vor der Vertreibung in Ost- und Westpreußen landauf, landab neben den Familiennamen deutscher Siedler zu finden.

Prußische Familien- und Personennamen

Abdangs
Abgautis
Ackute
Algaude
Alsuthe
Anding
Annus
Appol
Arbute
Arnike
Arwayde
Asteyko
Aucktume
Auleps
Aust
Austin
Autor

Baasner
Babilas
Bachor
Bajor
Bajorat
Baltuschat (Baltruschat)
Banduke
Bandule
Bandune
Barthusch
Bartke
Bartucke
Bause
Bauske
Bax
Baysen
Bedune
Bernoth

Biernath
Biewald
Blawat(h)
Blude
Boge
Bossel
Bronsart
Brusis
Bude
Bünte
Bujak
Butzko

Carell
Carneim
Cieslak
Corinth
Cornehl

Dagge
Damerau
Damrow
Dangil
Danicke
Dargel
Daube
Daugil
Dehneke
Demgen
Demke /ko
Dewitt
Dingel
Dirke
Diroune
Dirsune
Dittko

Diwite
Dobrat
Dost
Dube
Duwe

Eigel
Eybuthe
Eykant
Eynike
Eynothe
Eytiko

F = Namen finden sich meist unter „W"

Gaylike
Gaystute
Galms
Galindo
Garbote
Garute
Gaude
Gaudenne
Gaudete
Gaudinis
Gause
Gayko
Gedame
Gedaute
Gedekant (Jettkant)
Gedenne
Gedike
Gedim (Gedimin)
Gedune
Gedute
Geidute
Gelido (Jelitto)
Gennath
Gerdete
Gerko
Germer (Germeroth)
Gerstot
Gerullis

Gerune
Geruthe
Ginde
Gintis
Girdaw / Gerdau
Girdune
Girman
Girstote
Glabune / Globune
Glabute
Glande
Glandiko
Glappe
Glynde
Glupe
Goducke
Goltenne
Grasicke
Grasuthe
Grigat
Grigull
Grunau
Gudeike
Gunte

Haiduga
Hanike
Handrick

Hardick
Harguth
Heninke
Hindrix

Ibute
Idenne
Immete
Insutte

Jagaude
Jagusch
Jagutte
Jackune
Jane
Jankun
Janot
Jede
Jelitto
Jenke
Jeske
Joduko
Jodute
Jokel
Jocusch / Jokisch
Jome
Jonike
Jostaute
Judute
Jurge (-lait)

Kabe
Kaddar
Kaybuthe
Kaytel/Keytel/Keidel
Kalewith
Kalnein
Kam

Kanthegerde
Kantune
Karioth / Korioth
Karbute
Karpa
Kasutte / Casutt
Kattucke
Kauder
Kawald
Keikut
Keimel
Kelle
Kerinnis
Kerse
Kerstan
Kiaulehn
Kibut
Kickuth
Kixstyn / Kickstein
Kinstut
Kippar
Kirmse
Kirstein
Klauke
Klettke
Kloke
Klumbies
Kluska
Knaup
Kobus
Kobusch
Kolicke
Kolte
Krack
Kraupe
Kraupol
Kriwit
Kropil

Kropino
Kropolin
Kruteyne
Krutzinna
Kudin
Kunot
Kune
Kunter
Kurnothin
Kusse
Kussin

Laykoth
Lankut / Lankeit
Lankeit
Laudien
Legien
Lepa
Lewe
Littike
Linko
Litwin
Logot
Luban
Lubarth
Luthe

Madelle
Macrube
Machnik
Maciol
Macke
Manke
Maleike
Manewith
Manike
Manyoth
Mantot

Margies
Masucke
Matull
Medete
Medithe
Medau
Meyniko
Meynothe
Meriko
Merite
Merune
Micke
Milde
Milegede
Milegaude
Miluke
Milune
Minauthe
Minuth
Mokil
Monte (Hercus)
Montemini
Montike
Munte / Munthe

Nadab / Nadaps
Nader
Nadraws
Nadrom
Nadrus
Nather
Nafe
Naglinde
Nalike / Nalik
Nalub
Nameda (Frauenname)
Nameris
Namego (Frauenname)

Naprot
Narioth
Nauroth
Nassute
Naute
Naweke
Neseke
Nickel
Nobute
Nomeda (Frauenname)
Noriko

Opin

Padange
Paga
Pajonk
Paytune
Panake /Panka
Panote
Pansude
Passiaute
Paske
Patull
Paulicke
Paulukat
Peldete
Penke
Penkuhn
Perbande / Perbandt
Perlik
Perwisse
Petrasch
Petrucke
Petsche
Petschukat
Pigant
Pintor

Pipin
Pittalis
Pluwone
Poburse / Poburs
Podehl
Polexe
Pomande
Pomede
Ponatho
Posselt
Poweleit
Powirsin
Preibuth
Preidrus
Preimoks
Preitore
Preywis
Punkel

Quant / Quandt
Quedun
Quednau

Rabil
Ramboth
Ramotis
Raudies
Rediko / Redicker
Reynike
Reynoth
Rimane/Rimat/
Rimeck
Ritthaw / Rittau
Robuthe / Robutte
Rolek
Romeyke
Rosyn / Rosien
Rudow
Rust

Sade
Sadune
Sage
Sale
Saleide
Saluke
Sambange
Samayte
Sambil
Sambot
Sambur
Samil / Samel
Sampalte
Sampol
Samsel
Sandar / Sander
Sandike
Sangal
Sangaude
Sangede
Sanglobe
Santhop / Santop
Santune
Santunge
Sarecka
Sarnuke
Sassin
Saukil / Sauckel
Sause
Sayboth
Schatat
Sklode
Selune/Schellong
Semecke / Zemke
Sentike
Serune
Serucke
Skurdeike

Skurdo
Smalek (g)
Spayrote
Spandoth
Stange
Stanike
Stanno
Stante
Stantiko
Stapone
Steppuhn
Steyne
Stevnegaude
Steynicke
Stenegaude
Stenyo
Stignote
Stylige / Stielicke
Straude
Stroppe
Sude / Sudau
Surdeike
Sure
Surkant
Survabuno
Suste
Swalge / Schwalgun

Taga
Taysoth / Teysoth
Tappritz
Tartyl / Tertel
Tautewil
Taucze / Tautz
Teykote
Temperbucz (sch)
Thessim
(viele Umbildungen)

Thiderick
Thikune
Thyrune
Trankot
Trenis
Trinte
Trumpis
Tulegerde
Tulne / Tulicke
Tulnico / Tolnik
Tune
Tuscote / Tusk

Wadel
Wagant
Waida
Waidenne
Waike
Waisel
Waikel / Weigel
Waisuthe
Waitkus
Walioth / Wallot / Walith
Walgune
Wanalge / Wanagat
Wapil
Wargile
Wargule / Worgul
Warpune
Welot
Weltyn
Welune
Wesseman
Wigel
Wilke
Willam
Williko
Willioth
Willune
Wiltaute
Windiko
Windil
Wyske
Wirkant / Vierkant
Wissekant / Wiskant
Wissegaude
Wittke
Woytithe
Woldemir
Wopine
Wosil
Wursit
Wutter

Anmerkungen

1. Amtliches Telefonverzeichnis der Stadt Altena 1987
2. P.C. Tacitus — Germania, Dietrichsche Verlagbuchhandlung, Leibzig
3. Toeppen u.a. — Scriptores rerum prussicarum, Leibzig, 1861
4. Lothar Kilian — Zu Herkunft und Sprache der Prußen, Bonn 1982, S. 70
5. Lothar Kilian — a. a. O. S. 71
6. Johannes Voigt — Geschichte Preußens, Königsberg 1827, Bd. I, S. 545
7. Johannes Voigt — a. a. O. Bd. I, S 545
8. Toeppen u.a. — SRP. a. a. O. I, S. 54
9. Johannes Voigt — a. a. O. Bd. II, S. 44
10. Johannes Voigt — a. a. O. Bd. I, S. 554
11. Johannes Voigt — a. a. O. Bd. I, S. 564
12. Johannes Voigt — a. a. O. Bd. I, S. 212 ff
13. R. Wenskus — Aufsatz in Acta Prussica, Würzburg 1968, S. 8
14. Johannes Voigt — a. a. O. Bd. I, S. 232
15. Chr. Hartknoch — Alt- u. Neues Preußen, Frankfurt und Leibzig, 1684, S. 124
16. Johannes Voigt — a. a. O. Bd. I, S. 494
17. Johannes Voigt — Bd. I, S. 127, Haestis Theodericus Rex
18. Johannes Voigt — a. a. O. Bd. I, S 127
19. Johannes Voigt — a. a. O. Bd. I, S. 290 - 293

20.	Gotthold Rhode ,	Geschichte Polens, Darmstadt 1980, S. 4
21.	Johannes Voigt ,	a. a. O. Bd. I, S. 185
22.	Johannes Voigt ,	a. a. O. Bd. I, S. 367
23.	Johannes Voigt ,	a. a. O. Bd. I, S. 367 - 368
24.	Johannes Voigt ,	a. a. O. Bd. I, S. 446
25.	Johannes Voigt ,	a. a. O. Bd. I, S. 447
26.	Lukas David ,	Preußische Chronik
27.	Johannes Voigt ,	a. a. O. Bd. I, S. 457
28.	Herausgeber Gunther Ipsen „Wir Ostpreußen" S. 27 - 28	
29.	G. Ipsen ,	a. a. O. S. 28
30.	Johannes Voigt ,	a. a. O. Bd. II, S. 166
31.	Johannes Voigt ,	a. a. O. Bd. II, S. 177
32.	Johannes Voigt ,	a. a. O. Bd. II, S. 197
33.	Johannes Voigt ,	a. a. O. Bd. II, S. 203
34.	Dusburg ,	Lukas David und Kantzow
35.	Johannes Voigt ,	a. a. O. Bd. II, S. 265
36.	Johannes Voigt ,	a. a. O. Bd. II, S. 267
37.	Johannes Voigt ,	a. a. O. Bd. I, S. 296 u. 298
38.	Johannes Voigt ,	a. a. O. Bd. I, S. 367
39.	Johannes Voigt ,	a. a. O. Bd. I, S. 384
40.	Johannes Voigt ,	a. a. O. Bd. III, S. 63
41.	Johannes Voigt ,	a. a. O. Bd. III, S. 27

42.	Johannes Voigt ,	a. a. O. Bd. III, S. 189 - 191
43.	Heinrich Gerlach ,	Nur der Name blieb, Droener - Knauer, S. 141
44.	Johannes Voigt ,	a. a. O. Bd. III, S. 195
45.	Ernst Dossmann ,	Auf den Spuren der Grafen v. d. Mark, Iserlohn, 1983
46.	Johannes Voigt ,	a. a. O. Bd. III, S. 215 - 218
47.	Johannes Voigt ,	a. a. O. Bd. III, S. 228
48.	Johannes Voigt ,	a. a. O. Bd. III, S. 230
49.	Johannes Voigt ,	a. a. O. Bd. III, S. 251
50.	Johannes Voigt ,	a. a. O. Bd. III. S. 254
51.	Johannes Voigt ,	a. a. O. Bd. III, S. 316
52.	Lukas David ,	Preussische Chronik, Königsberg 1812, Bd. IV, S. 132
53.	Peter von Dusburg	Bd. III, S. 174
54.	Johannes Voigt ,	a. a. O. Bd. III, S. 333
55.	Johannes Voigt ,	a. a. O. Bd. III, S. 349
56.	Johannes Voigt ,	a. a. O. Bd. III, S. 363
57.	Johannes Voigt ,	a. a. O. Bd. III, S. 378
58.	Lothar Kilian ,	Zur Herkunft und Sprache der Prußen, Habelt, Bonn, S. 70
59.	Johannes Voigt ,	a. a. O. Bd. III, S. 582
60.	Gunther Ipsen ,	a. a. O., S. 54 - 55

Literaturverzeichnis

Amtliches Telefonverzeichnis der Stadt Altena

Arnold, Udo	- Engelbert III., Graf v.d.Mark, seine Kreuzfahrten in das Heilige Land, nach Livland und nach Preußen, Holzner, Würzburg 1968
Dossmann, Ernst	- Auf den Spuren der Grafen von der Mark, Iserlohn, 1983 Veröffentlichungen des Heimatbundes Märkischer Kreis Döhring, Artur- Über die Herkunft der Masuren 1910
Ehrlich, Bruno	- Die alten Preußen, in der ostdeutsche Volksboden
Engel, Carl	- Vorgeschichte der altpreußischen Stämme, Königsberg 1935
Gause, Fritz	- Geschichte des Preußenlandes, Leer, 1966
Fernau, Joachim	- Sprechen wir über Preußen, München, 1981
Gerber, Kurt	- Vom alten Preußenland, Groß-Umstadt 1987
Gerlach, Heinrich	- Nur der Name blieb, Düsseldorf u. Wien 1978
Gerullis, Georg	- Die altpreußischen Ortsnamen, Berlin u. Leipzig 1922
Gimbutas, Marija	- Die Balten, München 1983
Görlitz, Walter	- Die Prußen, Hamburg 1980
Harmjanz, Heinrich	- Volkskunde und Siedlungsgeschichte Altpreußens, Berlin 1936
Hartknoch, Chr.	- Alt- und neues Preußen, 1684
Helmold von Bosau	- Slawenchronik, Wissenschaftl., Buchgesellschaft 1983
Hentschel, Volker	- Preußens streitbare Geschichte, Düsseldorf 1980
Ipsen, Gunther	- Hrsg. Wir Ostpreußen, Würzburg 1950 Weidlich
Kilian, Lothar	- Grundzüge der ostpreußischen Vor- und Frühgeschichte in „Alt.Preußen" Heft 2, 3. Jahrg., Juli 1938
Kilian, Lothar	- Zur Herkunft und Sprache der Prußen Bonn 1982

v. Kotzebue, August	- Preußens ältere Geschichte, Riga, 1808
Lohmeyer, K.	- Geschichte von Ost- und Westpreußens, 1. Bd. Gotha 1908
Lucas, David	- Preussische Chronik - Herausgeber D. Ernst Hennig, Königsberg 1812
Mann, Golo	- Deutsche Geschichte des 19. u. 20. Jahrhunderts, Frankfurt/M 1952
Miegel, Agnes	- Gedichte und Prose; Düsseldorf, Diedrichs, 1977
Podehl, Heinz Georg	- 4444 ostpreußische Namen, prußisch erklärt, Leer 1987
	- Prussisches Ostpreußen, Husum, 1985
	- Prußische Geschichten, Husum, 1983
Rhode, Gotthold	- Geschichte Polens, Darmstadt 1980
v. Ranke, Leopold	- Preußische Geschichte, München
Schoeps, Joachim	- Preußen, Geschichte eines Staates, Frankfurt/M 1981
Schreiber, Hermann	- Die Vandalen, Bern u. München 1979
Schreiber, Hermann	- Auf den Spuren der Goten, München 1977
Schuhmacher, Bruno	- Geschichte West- und Ostpreußens, Würzburg 1977
v.Steegen, Carl-Friedr.	- Unter dem Donnergott Perkus, München 1986
Tacitus,	- Germania, Dietrich, Leipzig 1931 Publius Cornelius
Toeppen u. a.	- Scriptores rerum prussicarum, Leipzig, 1861
Trautmann, Reinhold	- Die altpreußischen Personnennamen Göttingen 1974
Voigt, Johannes	- Geschichte Preußens, Königsberg 1827
Volz, Wilhelm u.a.	- Der ostdeutsche Volksboden, 1926
Wenskus, Reinhard	- Über einige Probleme der Sozialordnung der Prußen, Holzner-Verlag, Würzbug 1968

Register der Personennamen

Abel Will, evangelischer Pfarrer aus Pobethen 29, 167
Adalbert von Prag, Missionar bei den Prußen 24, 67, 72f., 79f.
Adam von Bremen, Verfasser der Hamburgisch-Bremischen Kirchengeschichte 24
Agaphia, Gemahlin Konrads von Masowien 90, 102
Albert, Herzog von Braunschweig 144
Albert, Markgraf von Brandenburg 145
Albert, Landgraf von Thüringen 144
Albrecht von Brandenburg, letzter Hochmeister des Ordens, erster Herzog von Preußen 19, 29, 166
Alexander Newski, russischer Fürst 134
Alfred der Große, König von England 17, 21, 28, 40
Alfons von Kastilien, König 148
Andreas II., König von Ungarn 100, 164
Anno von Sangerhausen, Hochmeister des Deutschen Ordens 137, 144
Anselmus, Bischof im Ermland 59
Auctumno, Hauptmann der Pogesanier 133, 151

Barbarossa, Friedrich I., deutscher Kaiser 17
Barby, Graf von 135
Bernecker, E., Sprachwissenschaftler 29
Benedikt, Begleiter Adalberts von Prag 79

Blauzahn, Harald, König der Wikinger 78
Boguphal, polnischer Chronist 90, 103
Boleslaw Chrobry, Herzog der Polen 85, 86
Boleslaw III., gen. Schiefmaul 86, 87
Bonse, prußischer Edler 154
Bruno, Bischof von Olmütz 124, 126
Bruno von Querfurt, Missionar bei den Prußen 24, 72, 79f.
Bruteno, sagenhafter Oberpriester der Prußen 26, 48, 57f., 60f., 78
Burchard von Magdeburg, Burggraf 108

Cadina, sagenhafte Prußische Edle 61
Cassiodor, römischer Kanzler und Geschichtsschreiber 17, 75
Casimir der Gerechte, polnischer Herzog 88
Chilbud, Heerführer Justinians 84
Christian, Preußenbischof und Missionar 11, 14, 20, 38, 48, 62, 78, 92f., 101f., 108, 109, 110, 165
Chulmo, Sohn Widewuds 61
Clemens IV., Papst 145
Conrad von Landsberg, Ordensritter 102f.
Conrad Landgraf von Thüringen, Hochmeister 116
Christin, Woiwode von Masowien 90
Curche, prußischer Gott der Speisen und Getränke 59, 64

David, Lukas, 1503–1583, schrieb eine 10bändige Geschichte Preußens 19, 20, 23, 62, 155, 166
Dietmar von Merseburg, 10./11. Jh., Geschichtsschreiber 24
Dietrich von Bernheim, Ordensmarschall 116, 117
Dietrich von Gatersleben, Landmeister 151
Dietrich, Markgraf von Meißen 149
Diwane, Hauptmann der Barter 133, 148, 151
Dlugocz, Johann, polnischer Geschichtsschreiber 18, 89, 90
Dusburg, Peter von, Chronist des Deutschen Ritterordens 11, 14, 18, 21, 22, 26, 31, 34, 44, 59, 67, 70, 73, 131, 146, 152, 155, 165

Eberhard von Sayn, Deutschmeister 124, 125
Einhard, Geschichtsschreiber Karls des Großen 17
Elisabeth, Landgräfin von Thüringen 116
Engelbert I., Graf von der Mark 137
Erma, sagenhafte Prußenfürstin 61
Ermanerich, König der Ostgoten, starb 375 16, 17

Friedrich II. Deutscher Kaiser 98, 106
Friedrich von Fuchsberg, Ordensritter 115
Friedrich II., preußischer König 25, 26
Friedrich III., Kurfürst von Brandenburg 26
Friedrich Wilhelm I., preußischer König 26
Fulco, Bischof von Krakau 89

Galindo, Sohn Widewuds 61
Gallus Anonymus, polnischer Geschichtsschreiber 84
Galms, Sohn Skomands 160
Gaudentius, Begleiter Adalberts von Prag 24, 77f.
Gedete, prußischer Edler 161
Gedetes, Skomands Sohn 160
Gedune, prußischer Edler 126
Gerlach, Heinrich, Schriftsteller 13, 21
Gimbutas, Prof. Maria, Autorin des Buches „Die Balten" 24
Gise, Tidemann, Bischof von Kulm 19
Glande, Hauptmann der Samländer 133, 139, 140, 151
Glappe, Hauptmann der Warmier 133, 151
Gnewomir, Herzog der Pomeranen 86
Golo Mann, Historiker und Schriftsteller 10
Gregor IX., Papst 102, 106, 111
Grunau Simon, Bettelmönch 18, 27, 28, 62
Günther, Bischof von Ploczk 105

Haquin, Sohn Harald Blauzahns 79
Hartkoch, Prof. Christoph, Historiker 20, 59
Heinrich von Breslau, Herzog von Schlesien 103
Heinrich der Löwe, Herzog der Sachsen 17
Heinrich, Markgraf von Meißen 112
Heinrich von Wida, Landmeister 116
Hellmerich von Rechenberg, Landmeister 142
Helmold von Bosau, Priester und Geschichtsschreiber 17
Helwich von Goldbach, Ordensritter 151

Henneberger, Caspar, Geograph 20
Hercus Monte, Hauptmann der Natanger 51, 133, 134f., 140, 142, 150f., 152
Hermann von Altenburg, stellv. Landmeister 114, 115
Hermann Balk, Landmeister 103, 105, 107, 110, 114, 115f.
Hermann von Salza, Hochmeister 98, 100, 101, 103, 115, 116
Hermann von Schönenberg, Ordensritter 151
Hermann, Landgraf von Thüringen 116
Hirzhals, Ritter aus Magdeburg 135
Hoggo, Sohn Widewuds 61
Honorius III., Papst 67, 93, 94, 102, 169

Ibrahim-ibn-Jakub, jüdischer Kaufmann 24, 27
Innozenz III., Papst 20, 92

Justinian, römischer Kaiser 84
Jaroslaw, Domherr in Ploczk 18
Jeroschin, Nikolaus von, Chronist und Übersetzer 11, 18, 26, 85
Jesugub, prußischer Fürst 53
Jordanes, römisch-gotischer Chronist 24, 75, 77
Jakob Pantaleon, päpstlicher Legat 122, 134
Johann ohne Land, König von England 148

Kadlubek, Vinzenz, Bischof von Krakau 18, 90
Karl der Große, Deutscher Kaiser 17, 53 75
Karl, König von Schweden 130
Kanthegerde, Herzog der Sudauer 161
Kodrune, prußischer Edler 117
Konrad von Feuchtwangen, Landmeister 157

Konrad von Thierberg, Ordensmarschall und Landmeister 149, 153, 154, 161
Konrad von Masowien, polnischer Herzog 7, 20, 22, 48, 89, 90f., 102, 103, 108, 110, 112, 146, 169, 170
Kotzebue, August von, Dichter und Dramatiker 23, 70

La Baume, Prof. Dr. Wolfgang, 25
Leschek, Herzog von Polen 103
Leßko, Bruder Konrads von Masowien 89
Linko, Hauptmann der Pogesanier 150, 151
Litwo, ältester Sohn Brutenos 60, 61, 62
Ludwig von Liebenzell, Ordensritter 159, 161
Luther, Dr. Martin 28, 167

Mangold von Sternberg, Landmeister 157, 158, 160
Mann, Golo, deutscher Historiker 10
Mestwin, Herzog von Pommern 146, 147
Miesco, Bruder Casimirs d. Gerechten 89
Milegede, prußischer Edler 143
Mindaugas/Mindowe, Herzog der Litauer 129, 130
Mita, sagenhafte prußische Edle 61

Nadro, Sohn Widewuds 61, 62
Nalube, prußischer Edler 139, 140
Napoleon Bonaparte, französischer Kaiser 10
Naruszewicz, polnischer Chronist 25
Natango, Sohn Widewuds 61
Nomeda, prußische Edle 37, 152f., 171

Odoaker, König der Ostgoten 16
Orseln, Werner von, Hochmeister 11, 21
Otto der Große, Deutscher Kaiser 43, 132
Otto, Markgraf von Brandenburg 144
Otto, Herzog von Braunschweig 119f.
Otto von Saleiden, Ordensritter 102
Ottokar, König von Böhmen 124, 125f., 145, 147, 148

Piopso, Hauptmann von Warmien 118
Perkunos, Gott des Donners und des Sonnenscheins 57f., 114, 142, 152, 163
Potrimpos, Gott der Äcker und der reifenden Saaten 57f., 114, 142, 152, 163
Pikollos, Gott des Todes und des Verderbens 57f., 142, 152, 163
Pogesana, Tochter von Hoggo 61, 67
Pomezo, Sohn Widewuds 61
Pomande, prußischer Edler 119
Ponato, samländischer Edler 124
Posdraupote, Mann Nomedas 152
Ptolemäus, römischer Geograph 16, 52
Pytheas, römischer Kaufmann und Weltreisender 14, 31

Richard von Cornwall, deutscher König 148
Roland, Feldherr Karls des Großen 75
Rudolf von Habsburg, Deutscher Kaiser 126
Rukals, Sohn Skomands 160

Samo, Sohn Brutenos 61
Sarekte, prußischer Edler 56
Schalauo, Sohn Widewuds 61
Semovit, Fürst der Masowier 137
Skolde, prußischer Edler 126, 139
Skomand, Herzog der Sudauer 156, 157, 159, 160, 161
Skurdo, letzter Führer der Sudauer 161, 162
Stenegaude, prußischer Edler 56
Stantike, prußischer Späher 137
Steyno, prußischer Edler 151
Strabo, griechischer Geograph 31
Suantepolk I., Herzog der Pommern 22, 97, 108, 110, 121, 146
Sudo, Sohn Widewuds 61
Survabuno, prußischer Edler 20, 92
Swayno, samländischer Edler 140

Tacitus, Publius Cornelius, römischer Geschichtsschreiber 14, 24, 27, 31, 74
Theoderich der Große, König der Ostgoten 16, 75f.
Töppen, preußischer Historiker 18
Troppo, prußischer Edler 143

Urban III., Papst 122
Urban IV., Papst 134, 144, 145
Ulrich Baier, Komtur von Tapiau 158
Ügödai, Khan der Mongolen 129

Voigt, Prof. Johannes, Historiker 20, 52, 59, 82

Wadole, Hauptmann der Sudauer 160

Wargule, samländischer Edler 139
Warmo, Sohn Widewuds 61
Warpode, prußischer Edler 20, 92
Wartislaw, Herzog der Pommern 146
Wellington, Arthur Wellesley, englischer General und Heerführer 10
Widewud oder Waidewud, sagenhafter Prußenführer 48, 55, 57f., 60f.

Wilhelm V., Graf von Jülich 137
Wilhelm von Modena, päpstlicher Legat 111
Wilhelm von Savoyen, päpstlicher Legat 96
Wladislaw, Hermann, Sohn Boleslaws von Polen 86
Wladislaw, Zbigniew, Sohn von Wladislaw Hermann 86
Wolrad Mirabilis, Ordensritter 130
Wulfstan, mittelalterlicher Seefahrer 17, 24, 31f., 40f., 49

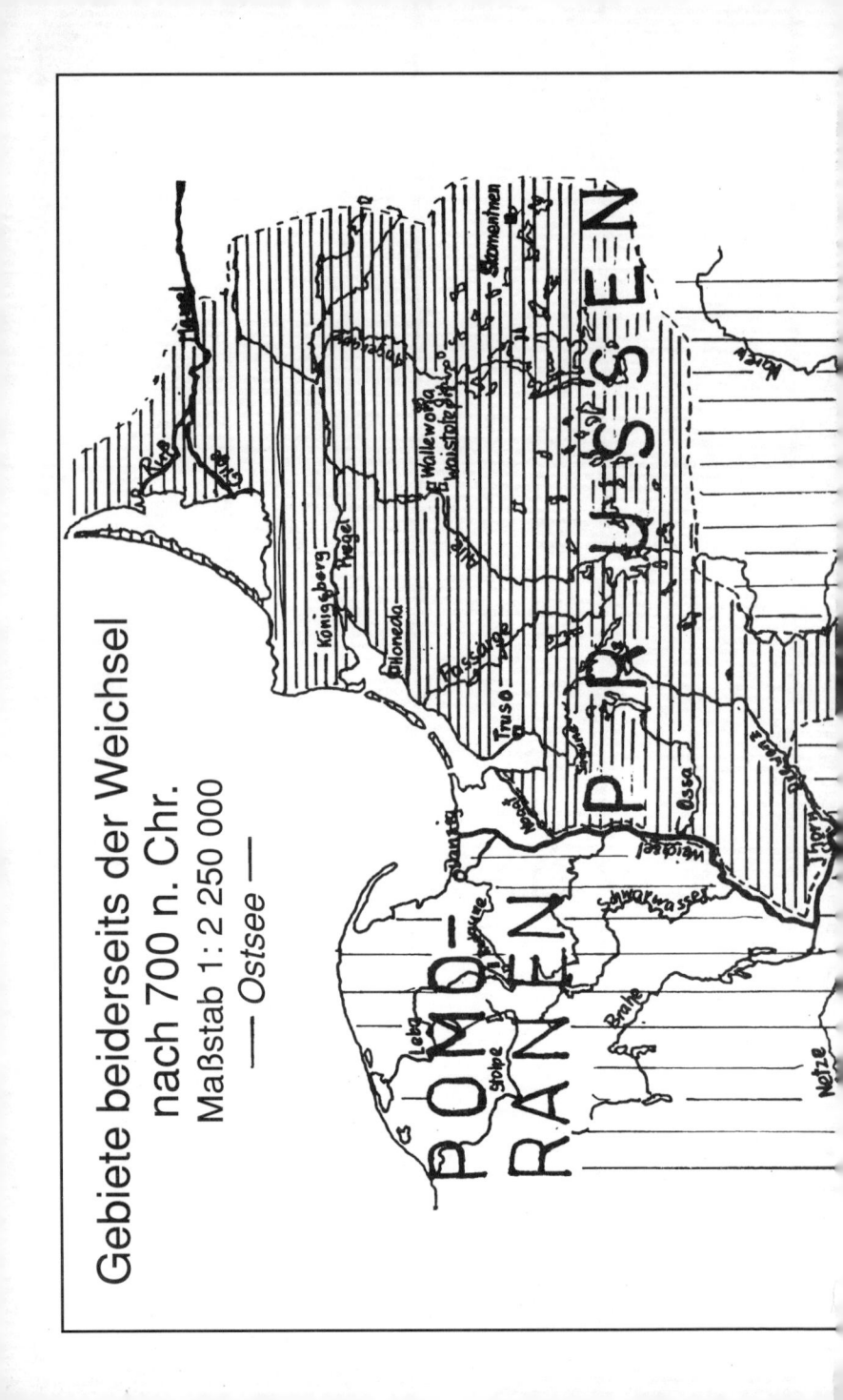

Gebiete beiderseits der Weichsel
nach 700 n. Chr.
Maßstab 1 : 2 250 000
—— Ostsee ——

POMO-
RANEN

PRUSSEN